French: Short Stories for Intermediate Level + AUDIO Vol 2

Improve your French listening comprehension skills with seven French stories for intermediate level

Frédéric BIBARD (TalkinFrench.com)

For more products by Frédéric BIBARD, visit

https://talkinfrench.com

FOREWORD

Everyone loves stories. In fact, humans and stories have a long history together — from stories shared fire-side, to stories shared underneath the moon or by candlelight. Stories are loved and loved well. Through the years, storytelling has taken on other uses and other forms, yet it continues to be a part of our daily lives.

Did you know that stories can also be used to learn a new language? With the right tools to tell stories, you can improve your vocabulary almost painlessly. It will also help improve your reading and listening comprehension. That is exactly what the book *Learn French with Stories* did, and it's the reason it became a bestseller.

Following the success of *Learn French with Stories*, I am happy to share this new book with you: *Learn French with Stories Volume 2*. With the same effective format used in the first volume, this book contains seven short stories designed to help you learn French not only painlessly, but in a highly enjoyable way.

You will find short stories about a variety of situations, including: (1) At the University, (2) Online Shopping, (3) At the hair salon, (4) Grocery Shopping, (5) Taking the Subway, (6) At the party, and (7) On the beach.

What should you expect from this book?

- You can expect to do away with your English-French dictionary. The book has its own built-in glossary tucked into every story. This way, you won't need to look up words you do not understand.
- You can expect to learn a diverse range of vocabulary and grammar structures. The stories are written using a wide array of useful words and grammar that you can easily use in your day-to-day conversations.
- You can expect to improve your reading comprehension and writing skills, with the help of the easy-to-follow stories and the writing exercises at the end of each story. You will have the opportunity to create your own summary of the stories in your own words.
- You can also expect to boost your listening skills and your pronunciation in French. With the help of the audio accompaniments, you can listen along to the stories as narrated by a native French speaker. The audio has two versions: normal speed narration for intermediate and advanced level French learners, and slow speed narration for beginners and intermediate learners to follow along with and practice their pronunciation.

I hope you will have as much fun as we did making this second volume for you. More importantly, I hope this book will encourage you to continue learning French.

Good luck and enjoy!

Merci beaucoup.

Frédéric BIBARD

Founder, Talk in French

TABLE OF CONTENTS

HISTOIRE 1: INSCRIPTION À LA FAC
STORY 1: ENROLLING AT UNIVERSITY

Important !!! The link to download the MP3s is here

« Quelle **complexité**... »

Louise regarde autour d'elle l'immense **flux** d'étudiants qui naviguent dans un sens ou dans l'autre en continu. Elle vient d'un petit **lycée** de **campagne** qui ne **comporte** que 600 élèves. Elle **n'est donc pas habituée** à voir autant de monde dans un endroit. Elle doit avouer qu'elle est un peu perdue.

"Such complexity..."

Louise watches the huge flow of students around her who are continuously moving in all directions. She comes from a small high school in the countryside which only has 600 students. She has to admit that she is a little lost.

Complexité - Complexity

Flux - Flow

Lycée - High school

Campagne - Countryside

Comporter - To include

Être habitué - To be used to

Tout avait si bien commencé pourtant. « Les études », c'est quelque chose dont on lui parle **depuis très longtemps**. Ses parents la **poussaient déjà** à **réfléchir** sur ce qu'elle voulait faire de sa vie alors qu'elle n'était qu'au **collège**. Elle avait des rêves plein la tête, comme la plupart des jeunes de son âge. Mais elle ne rêvait pas d'une carrière de chanteuse ou de maîtresse **d'école**. Elle se voyait **fouillant la terre**. « Papa, maman, plus tard je veux être **archéologue**. » Ça avait rendu **fiers** ses parents, et ils l'avaient **encouragée** dans cette voie. « Si tu veux devenir archéologue, il va falloir bien travailler à l'école ». Ils **l'emmenaient** au **musée**, lui **présentaient** de nouveaux livres ou de nouveaux films, faisaient tout pour **développer** sa culture.

However, everything had started well. "Education" is something she has been spoken to about for a very long time. Her parents were already pushing her to think about what she wanted to do with her life even though she was only in middle school. Her head was full of dreams, like most young people of her age. But she didn't dream of a career as a singer or as a school principal. She saw herself rummaging around in the earth. "Dad, Mom, I want to be an archaeologist in the future." This had made her parents proud, and they encouraged her along this path. "If you want to become an archaeologist, you need to work hard at school." They took her to the museum, showed her new books or new movies, and did everything to develop her knowledge.

Depuis longtemps - For a long time

Pousser à - To drive someone to

Déjà - Already

Réflechir - To think about something

Collège - Middle school

Rêve - Dream

Carrière - Career

Maitre/Maitresse d'école - Teacher (only for primary school)

Fouiller la terre - To excavate

Archéologue - Archeologist

Être fière - To be proud

Encourager - To encourage

Emmener - To take / To drive

Musée - Museum

Présenter - To introduce / To show

Développer - To develop

Les **professeurs** aussi l'aidaient beaucoup. Dès **la première**, on **invitait** les élèves à **se renseigner** sur les universités ou autres écoles **proposant** l'enseignement souhaité. Louise avait fait beaucoup de **recherches** et savait donc **exactement** quelles écoles choisir quand, en **terminale**, il fut temps de commencer **les démarches**.

The teachers helped her a lot, too. From Eleventh Grade, students are asked to find out about the universities or other schools which offer their desired courses. Louise had done lots of research and knew, therefore, exactly which schools to choose when, in final year, it was time to begin the process.

Un Professeur - A teacher (for middle/high school)

La première - Eleventh grade (US school)

Inviter à faire quelque chose - To invite someone to do something

Se renseigner - To make enquiries / To find out about something

Proposer - To offer (in that context)

Les recherches - The research

Exactement - Precisely

La terminale - The final year (in high school)

La démarche - The step / the procedure

Ce n'était pas si **compliqué**, vu que la **procédure** avait été **simplifiée** quelques années plus tôt, **afin de permettre** aux élèves de **se concentrer** uniquement sur les examens sans avoir à perdre du temps et de **l'énergie** à écrire de longues lettres aux universités. Maintenant, tout se fait par internet sur un même **site centralisé**. Les élèves n'ont plus à envoyer **des dossiers complexes** sans avoir **la certitude** d'être acceptés. La procédure est aussi simple qu'un numéro national et des notes d'examens à rentrer. Bien sûr, l'élève doit toujours attendre une réponse, mais les écoles n'envoient plus de **courrier**. La réponse arrive directement sur le site sous forme d'un oui ou d'un non. Plus rapide oui, mais aussi plus froid et moins personnel.

It wasn't so complicated, seeing as the process had been simplified a few years earlier, in order to allow students to focus solely on exams without having to waste time and energy writing long letters to universities. Now, everything is done on the internet, through one centralized website. Students no longer have to send complicated documents without having the certainty of being accepted. The process is as simple as entering your national number and the grades you receive. Of course, the student still has to wait for a reply, but schools no longer send it in the mail. The reply arrives directly on the website in the form of a yes or a no. Faster perhaps, but also colder and less personal.

Compliqué/Complexe - Complicated

La procédure - The procedure

Simplifier - To simplify

Afin de - In order to

Permettre - To allow

Se concentrer - To focus

L'énergie - The energy

Site - Website

Centraliser - To centralize

Un dossier - A file

Avoir la certitude - To be convinced

Courrier - Mail

Louise ne **se préoccupait** pas plus de cette **méthode** et s'inscrivait sur le site dirigé par le **gouvernement Français**, et indiquait les trois universités qu'elle avait choisies afin de **poursuivre** ses études. Son premier choix se portait sur Paris La Sorbonne, ancienne et **prestigieuse** université. Elle pourrait suivre le **cursus** exact qui lui permettrait de devenir par la suite une archéologue **certifiée**. Elle savait que ça n'allait pas être facile **d'intégrer** l'université, mais son bon niveau scolaire et ses bonnes **appréciations** étaient des **atouts** pour elle. Louise fit sa demande dans deux autres universités, **au cas où** La Sorbonne lui serait refusée. Elle **finalisa** ses demandes assez **rapidement** et était surprise de la **simplicité** de la tâche. Elle entendait **pourtant** souvent sa mère **se plaindre** de « ces **formulaires** administratifs **inutilement** compliqués ».

Louise was no longer concerned about this method and signed up on the website run by the French Government, indicating the three universities that she had chosen to continue her studies. Her first choice leaned towards Paris La Sorbonne, an old and prestigious university. She could take the exact course which would allow her to become a qualified archaeologist afterwards. She knew it wasn't going to be easy to get into university, but her good level of education and the positive comments from her teachers were assets to her. Louise applied to two other universities, in case the Sorbonne rejected her. She completed her applications quite quickly and was surprised at how simple the task was. Yet she often used to hear her mother complain about "these pointlessly complicated administrative forms."

Se préoccuper de - To be concerned about

La méthode - The method

Gouvernement Français - French government

Poursuivre - To continue / To pursue

Prestigieuse - Prestigious

Certifié - Certified

Intégrer - To get into

Une appréciation - Comment / Appreciation

Un atout - Asset

Finaliser - To finalize

Rapidement - Quickly

Simplicité - Straightforwardness

Pourtant - But...

Se plaindre de - To complain about

Un formulaire - A form

Inutilement - Unnecessarily

Chaque semaine, elle se rendait sur le site des admissions pour suivre **l'avancement** de ses dossiers. Chaque semaine sans réponse était un moment de plus à passer dans **l'incertitude**, entre **espoir** et peur, et le stress créé s'ajoutait à celui des examens approchant **à grands pas**. La terminale n'est pas seulement la dernière année d'études en tant que lycéen, c'est aussi celle du **baccalauréat**.

Each week, she went onto the admissions website to track the progress of her applications. Each week without a response was more time spent in uncertainty, somewhere between hope and fear, and the stress created added to that of her quickly approaching exams. Final year is not only the final year of studies as a high schooler, it's also the final year of the baccalaureate.

Un avancement - Progress/ An advancement

L'incertitude - Uncertainty

Espoir - Hope

Approcher à grands pas - To be looming

Baccalaureat/Bac - Final year exam in French school (necessary for attendance at a University)

Cet examen de fin d'études **fait beaucoup parler de lui**. Chaque année, à la même période, le même **reportage** raconte le même **affolement** des élèves durant les **épreuves**. Et au moment des **résultats**, on montre la même **réaction** des jeunes **face aux** résultats : les **embrassades** des anciens **camarades** nouvellement **bacheliers** ou bien les larmes de ceux qui n'ont pas eu la **moyenne** nécessaire pour être acceptés. On présente le bac comme la chose la plus importante à passer dans sa vie, alors que des années après la fin des études, on rit en **repensant** à la simplicité qu'était en fait le baccalauréat.

This end of high school exam was a hot topic of conversation. Each year, at the same time, you hear the same reports telling of the same student panic during the exams. And on results day, you see the same student reaction to their results: old friends hugging and kissing as new high school graduates or even the tears of those who haven't quite made the grade they needed to be accepted. The baccaluareate is made out to be the most important thing you take in life, whilst years after graduation we laugh thinking back to how simple the baccalaureate actually was.

Faire parler de soi - To be a topic of conversation

Un reportage - A report

L'affolement - The panic

Une épreuve - A test

Les résultats - The results

La réaction - The reaction

Face à - In front of

Une embrassade - Hugging and kissing

un camarade - A friend

Un bachelier - Student who has passed the baccalauréat

Avoir la moyenne - Passing grade (US)

Repenser - To remember

En plein milieu de ses **révisions**, un jour d'avril, Louise reçut **la bonne nouvelle**. Elle pouvait enfin commencer à préparer son inscription dans l'université qu'elle désirait : La Sorbonne. Mais le bac était sa **priorité**. La longue et **éreintante** semaine d'examens se déroulait sans problème. Sans surprise, au mois de juillet elle savait qu'elle était reçue avec **la mention** bien.

Right in the middle of revising, one day in April, Louise received the good news. She was finally able to start preparing her enrolment at the university she wanted: The Sorbonne. But the baccalaureate was her priority. The long and grueling week of exams went smoothly. Unsurprisingly, she found out in July that she had passed with honors.

Des révisions - Revisions

La bonne nouvelle - The good news

Priorité - Priority

Éreintant - Grueling

Mention - Honors

Le bac **en poche**, elle pouvait enfin se concentrer entièrement sur l'inscription universitaire. Pleine de motivation et d'impatience, elle commençait à se renseigner sur les documents **à rassembler**... Avant de vite se retrouver **découragée** par la tâche. Les nombreux formulaires d'inscription demandaient toutes les informations personnelles, et il fallait **fournir** des photocopies des pièces d'identité ou encore des photocopies de notes, et ce rien que pour finaliser l'inscription.

With the baccalaureate under her belt, she was finally able to focus entirely on university enrolment. Full of motivation and impatience, she began to find out about the documents to gather together... Before quickly finding herself discouraged by the task. The numerous enrolment forms asked for all her personal information, and photocopies of her ID or even photocopies of her grades were required, and this was just to finalize the enrolment.

En poche - Under the belt

Rassembler - To gather

Décourager - To discourage

Fournir - To provide

« Et ce n'était que la partie simple... » s'était dit Louise après avoir étudié toutes les formalités à s'occuper concernant **la vie étudiante**. Elle devait faire ses études à Paris et un logement lui était nécessaire. La France est un pays chanceux quand il s'agit des études, et en plus de **fixer le prix** des universités et écoles publiques au plus bas pour permettre **l'accès à l'éducation** au **plus grand nombre**, l'État avait aussi mis en place un système de **bourses** et de **logements** pratiques mais limités en nombre. Louise devant quitter sa campagne **natale** pour monter à la capitale pour étudier, elle pouvait **avoir droit** à ces **aides**.

"And this was the easy part..." Louise said to herself after studying all the formalities she had to deal with regarding student life. She would be studying in Paris and needed accommodation. France is a lucky country when it comes to studying and, in addition to fixing the price of universities and public schools at the lowest rate, to give the majority of people access to education, the State had also put in place a system of scholarships and useful accommodation, although limited in number. Louise, having to leave her native countryside to go to the capital to study, was entitled to these allowances.

La vie étudiante - The student life

Fixer le prix - To set the price

L'accès à l'éducation - Access to studies

Plus grand nombre - The majority

Une bourse - Scholarship

Un logement - An accomodation

Natal - Native

Avoir droit - To be entitled to

Des aides - An allowance

Mais faire une demande ressemblait à **un parcours du combattant**. Elle devait rassembler un énième formulaire d'informations et autres photocopies attestant de son identité, ainsi que de celle de ses parents, les attestations de **revenus** familiaux, choisir un logement parmi ceux proposés et auxquels elle pouvait avoir accès, et espérer l'avoir. Les loyers parisiens étaient et resteront un problème pour tout étudiant sans grands **moyens**, et elle espérait obtenir un de ces logements à **prix bas**. Devait s'ajouter à cela le choix et **la souscription** à **la sécurité sociale** et **la mutuelle** obligatoire, chose dont elle n'avait jamais eu à **se soucier auparavant**.

But making a request was like tackling an assault course. She had to collect umpteen information forms and other photocopies confirming her identity, as well as those of her parents, evidence of household income, choose accommodation from those she could apply for and which she hoped to get. Rent in Paris was and will remain a problem for every student with limited means, and she was hoping to get one of the low-cost rooms. Added to this was the choice of and subscription to social security and health insurance, something she'd never had to worry about before.

Un parcours du combattant - Assault course (French common expression)

Revenus - Income

Moyens - Means (Money)

Prix bas - Low price

La souscription - The subscription

La sécurité sociale (or Sécu) - French social security system

La mutuelle - Benefit society (US)

Se soucier de - To worry about

Auparavant - Before

S'occuper des formulaires et préparer sa nouvelle vie avait occupé le temps et **l'esprit** de Louise durant tout l'été, et le moment de se rendre à l'université pour valider son inscription arrivait rapidement. Un matin, **accompagnée** de ses deux parents qui n'étaient pas encore prêts à **laisser partir** leur petite fille dans un monde bien trop adulte, Louise se rendit à Paris pour découvrir enfin sa nouvelle ville, son université, et le logement qui lui avait été **alloué** et dont elle **disposerait** tout au long de sa scolarité.

Taking care of forms and preparing for her new life had taken up Louise's time and thoughts throughout the summer, and the time to go to the university to validate her enrolment soon came. One morning, accompanied by both her parents, who were not yet ready to let their little girl go into a world that was all too adult, Louise went to Paris to finally get to know her new city, her university, and the accommodation she had been granted and which would be hers throughout her studies.

L'esprit - The mind

Accompagner - To go with

Laisser partir - To let go

Allouer - To grant

Disposer - To have

C'était **émerveillée** et un peu **excitée** qu'elle avait **pénétré** dans les locaux anciens et chargés d'histoire de La Sorbonne. Elle se sent maintenant perdue. **Tout ce qu'elle sait** c'est qu'elle est au milieu d'un long **couloir** qui ressemble plus à une autoroute humaine qu'à un simple couloir d'un bâtiment administratif d'une université. Ici, tout le monde **se mélange** : professeurs de toute matière, **intervenants** extérieurs, venus pour des **réunions** d'information sur les différents cours dans lesquels ils devront travailler, étudiants jeunes et moins jeunes, certains en **licence**, d'autres en master ou même en doctorat. Des étrangers, beaucoup, prêts à vivre l'année de leur vie en Erasmus dans la **Ville Lumière**.

She was amazed and a little excited as she entered The Sorbonne's ancient buildings that are steeped in history. She now feels lost. All she knows is that she's in the middle of a long corridor which felt more like a human highway rather than the simple corridor of a university administrative building. Here, everyone mixes together: professors of all subjects, external speakers who have come for informational meetings on the different courses they will work on, students young and not so young, some doing a bachelor's degree, others taking a masters or even a doctorate. Foreigners, lots of them, ready to spend their Erasmus year in the City of Light.

Émerveiller - To fill with wonder

Être excité - To be excited

Pénétrer - To enter

Tout ce qu'elle sait - All that she knows

Un couloir - A corridor

Se mélanger - To mix with

Les intervenants - The contributors / The speakers

Une réunion - A meeting

La licence - Bachelor's degree

Ville Lumière - The city of light (nickname for Paris)

Certains connaissent bien les lieux, on les **reconnaît** en un simple coup d'œil. Ils marchent à **pas rapide** au milieu du **tumulte** humain. Ils avancent sans même ralentir, indifférents à ce qu'il se passe autour d'eux, comme s'ils sont seuls au monde. Pendant un temps, Louise a pensé à les suivre, mais le risque d'être encore plus perdue qu'elle ne l'est déjà, **l'empêche** de bouger.

Some know the premises well, they are recognizable at a simple glance. They walk quickly in the middle of the human tumult. They move forward without slowing down, indifferent to what is happening around them, as if they are alone in the world. For a while, Louise thought about following them, but the risk of being even more lost than she already is, prevents her from moving.

Reconnaître - To recognize

Pas rapide - Fast pace

Le tumulte - The tumult

Empêcher - To prevent

Elle attrape dans son sac **la feuille imprimée** sur laquelle sont notés l'heure et l'endroit du rendez-vous. **Elle est déjà en retard**, elle le sait, et cette **perspective** la rend encore plus **nerveuse**. Et si finalement, **l'équipe administrative** lui demandait de revenir plus tard ? Elle aurait fait tout ce chemin **pour rien**, et devra attendre **la rentrée universitaire, prévue** fin Septembre pour pouvoir faire son inscription. Cette seule idée la faisait un peu paniquer.

From her bag, she grabs the printed sheet upon which the time and place of her meeting are noted. She knows she is already late, and this thought makes her even more nervous. And what if, in the end, the administrative team asked her to come back later? She would have come all this way for nothing and must wait for the start of the university year, scheduled for late September, to be able to enroll. This thought alone made her panic a little.

La feuille imprimée - The printed sheet

Elle est déjà en retard - She's already late

Une perspective - The idea

Nerveux - Nervous

L'équipe administrative - The administration team

Pour rien - For nothing

La rentrée universitaire - The start of the new university year

Prévoir - To expect

Prenant **une forte inspiration**, elle regarde autour d'elle.

« Bon. Il faut que je trouve **les bureaux d'enregistrement**. »

Seule solution possible maintenant : **Se plonger** dans le trafic pour demander son chemin. Et justement, devant elle se trouve un jeune homme qui **n'a pas l'air** aussi perdu qu'elle. Elle s'approche **timidement**, n'osant pas **aborder** l'étudiant qui a l'air plus vieux qu'elle.

« Excusez-moi... »

Le garçon se tourne vers elle, l'air surpris, pour lui **lancer un regard** plein **d'attentes**. **C'est le moment ou jamais.**

« Je suis nouvelle ici et je suis perdue, je dois faire mon inscription... »

« Oh ! Les bureaux se trouvent au **premier étage**, sur la droite ! »

Il s'arrête **soudainement** de parler, l'air **pensif**, avant de sourire à Louise.

« Viens, je vais t'y accompagner. »

Taking a deep breath, she looks around her.

"Okay. I need to find the registration offices."

The only possible solution now: throw herself into the traffic to ask for directions. And indeed, in front of her stands a young man who doesn't seem quite as lost as her. She approaches him shyly, not daring to walk up to a student who looks older than her.

"Excuse me..."

The boy turns towards her, surprised, with an expectant look.

It's now or never.

"I'm new here and I'm lost, I need to enroll..."

"Oh! The offices are on the first floor, on the right!"

He stops speaking suddenly and looks thoughtful, before smiling at Louise.

"Come on, I will go there with you.

Une forte inspiration - To inhale deeply

Les bureaux d'enregistrement - The registration office

Se plonger - To throw oneself into

Avoir l'air - To look

Timidement - Shyly

Aborder - To walk up to

Lancer un regard - To look at

Attente - Waiting

C'est le moment ou jamais - It's now or never

Premier étage - First floor

Soudainement - Suddenly

Pensif - Thoughtful

Soulagée, Louise suit ce si gentil inconnu qu'elle voit soudainement comme **un sauveur**. Pendant les 5 minutes que dure le trajet jusqu'au bureau, **ils font connaissance**.

« Je suis en troisième année de littérature française. Tu viens faire quoi ici, toi ? »

« Histoire. Histoire antique **plus particulièrement**. »

« Oh, intéressant ! J'adore l'histoire, j'ai **hésité** à étudier l'histoire aussi, mais j'ai préféré les livres. Tu veux devenir historienne ? Ou professeur d'histoire peut-être. »

« Non ! J'aimerais être archéologue. **Bon**, un archéologue est aussi professeur d'histoire, je crois... **Du moins** c'est ce qu'Indiana Jones m'a appris. »

« Hahaha ! **C'est pas faux**. Donc tu veux devenir Indiana Jones ! Tu sais te servir **d'un lasso**, j'espère ! »

« Pas encore ! J'ai pris « maîtrise du lasso » en option ! Pourquoi as-tu préféré la littérature à l'histoire ? »

Relieved, Louise follows this very kind stranger that she suddenly sees as a savior. For the 5 minutes that the trip to the office lasts, they get to know each other.

"I am in my third year of French Literature. What have you come here to do?"

"History. Ancient History to be more specific."

"Oh, interesting! I love history, I debated studying history as well, but I preferred books. Do you want to become a historian? Or a history professor maybe?"

"No! I would like to be an archaeologist. Well, an archaeologist is also a history professor, I think... At least that's what Indiana Jones taught me."

"Hahaha! That's right. So, you want to become Indiana Jones! You know how to use a lasso, I hope!"

"Not yet! I've taken "lasso mastery" as a minor! Why did you prefer literature to history?"

Soulager - To relieve

Un sauveur - A savior

Faire connaissance - Get to know someone

Plus particulièrement - More particularly

Hésiter - To hesitate

Bon - Well

Du moins - At least

C'est pas faux (= c'est vrai) - That's right

Un lasso - A lasso

« L'histoire fait **indéniablement** partie de la littérature. On apprend beaucoup sur les précédentes époques **grâce aux** romans. Et **en prime**, on travaille notre imagination et nos talents d'écrivain ! C'est très **vaste** et très intéressant. **Au fait**, je m'appelle Romain. » Louise sourit à Romain, qui lui a fait retrouver un peu de son **enthousiasme** pour les études, perdue face aux tâches administratives **diverses**.

« Louise, **enchantée**. »

Il lui **rend son sourire** avant de s'arrêter devant une porte.

“History is undeniably a part of literature. We learn a lot about previous eras thanks to books. And as a bonus, it works our imagination and our writing talents! It’s immense and interesting. By the way, my name is Romain.” Louise smiles at Romain, who made her regain a little of her enthusiasm for studying, which was lost in the face of the diverse administrative tasks.

“Louise, nice to meet you.”

He smiles back at her before stopping in front of the door.

Indéniablement - Undeniably

Grâce à - Thanks to

En prime - As a bonus

Vaste - Vast

Au fait - By the way

Enthousiasme - Enthusiasm

Divers - Various

Enchanté - Nice to meet you

Rendre son sourire - To smile back

« Voilà, c’est ici. Elles ont l’air de **mordre** comme ça, mais je t’assure, les secrétaires ne **sont pas si** méchantes ! Bon courage ! »

« Je ne sais pas comment je dois **le prendre**... Mais merci ! J’espère te **revoir** ici pendant l’année ! »

« J’espère aussi ! Histoire et Littérature **partagent** les mêmes bâtiments. Rien n’est impossible ! Passe une bonne journée ! »

“Here it is. They look like they bite, but I assure you, the secretaries aren’t that mean! Good luck!”

“I’m not sure how I should take that... But thanks! I hope to see you here again during the year!”

“I hope so too! History and Literature share the same buildings. Nothing is impossible! Have a good day!”

Mordre - To bite

Ne pas être si ... - To not be that ...

Prendre - To take

Revoir - To see again

Partager - To share

Forte de sa **bonne humeur retrouvée**, Louise **frappe à la porte** du bureau avant d'entrer. Une femme grande et **fine**, d'une **quarantaine** d'années, **l'accueille** avec un **sourire en coin** et un regard froid.

« Bonjour, puis-je avoir votre nom ? »

« Louise Maillot. J'avais rendez-vous il y a 10 minutes. Excusez-moi du retard, je me suis perdue dans les couloirs. »

« **Effectivement**, je vois votre nom. Ne vous inquiétez pas, ça arrive tout le temps aux nouveaux élèves. Vous allez vite **prendre vos marques**. On va **vérifier** votre dossier **si vous le voulez bien**. Vous l'avez avec vous ? »

With her newfound good mood, Louise knocks on the office door before entering. A tall, thin woman, around forty years old, welcomes her with a half-smile and a cold gaze.

"Hello, can I take your name?"

"Louise Maillot. I had a meeting ten minutes ago. Sorry for being late, I got lost in the corridors."

"Yes, I see your name. Don't worry, it happens all the time to new students. You'll quickly learn your way around. We are going to check your file if that's okay with you. Do you have it with you?"

Fort - With

Bonne humeur - Good mood

Retrouvé - Back

Frapper à la porte - To knock on the door

Fine - Thin

Quarantaine - About forty

Accueillir - To welcome

Un sourire en coin - A half-smile

Effectivement - Indeed

Prendre ses marques - To learn the place

Vérifier - To check

Si vous le voulez bien - If it is okay with you

Louise s'approche du bureau de la secrétaire et sort de son sac **une pochette** en **carton marquée** du mot « fac » écrit au **feutre indélébile**. Elle l'ouvre pour sortir le dossier administratif qu'elle a rempli et complété l'été **passé**. Aidées d'une feuille **récapitulant** tous les documents nécessaires à l'inscription, Louise et la secrétaire vérifient le dossier **pas à pas**. Après 15 minutes à finaliser le dossier, l'employée de l'université lui remet enfin **l'attestation d'étudiant**.

Louise approaches the secretary's desk and takes from her bag a cardboard folder with the word "University" written on it in permanent marker. She opens it to take out the administrative file that she filled out and completed last summer. Helped by a sheet of paper summarizing all the necessary registration documents, Louise and the secretary check the file step-by-step. After 15 minutes of finalizing the file, the university employee finally hands her the student certificate.

Une pochette - A cover

Carton - Cardboard

Marqué - Marked

Feutre indélébile - Permanent marker

Passé - Last

Récapituler - To run over

Pas à pas - Step-by-step

Une attestation d'étudiant - A student certificate

« Ne **perdez** pas ce papier, vous en avez besoin pour faire votre carte d'identité étudiante et pour **avoir accès à** certains droits. Il faudra notamment la donner à votre nouvelle mutuelle santé. Ils ont **un stand** sur **l'esplanade** de l'université, vous pouvez aller leur demander où remettre tout ça. Vous pouvez faire votre **carte d'étudiant** et choisir vos options maintenant. Je vous **conseille** de le faire tout de suite. Tous les étudiants ne sont pas encore arrivés, et l'attente est **minime**. Si vous attendez la rentrée pour le faire, **vous ne serez pas sûre** de pouvoir prendre les options que vous désirez, les places sont limitées. »

Don't lose this piece of paper, you need it for your student ID card and to access certain areas. You will need to give it to your new health insurance provider. They have a stand on the university square, you can go there to ask them where to hand it all in. You can get your student card and choose your options now. I recommend you do it right away. Not all the students have arrived yet, and the waiting time is minimal. If you wait until university begins to do it, it's not guaranteed that you will be able to take the options that you want, places are limited.

Perdre - To lose

Avoir accès à - To have access to

Un stand - A stand

Une esplanade - An esplanade

Carte d'étudiant - Student card

Conseiller - To recommend

Minime - Minimal

Ne pas être sûr - To not be sure

Elle sort **un plan** de l'université d'un **des tiroirs** de son bureau et le **pose à plat** sur la table, face à Louise. Avec son stylo, elle **indique** plusieurs endroits sur la feuille.

« Nous sommes ici. Le bureau de création de la carte est là. Ce n'est pas compliqué, c'est juste **à côté**. Vous aurez sûrement un peu d'attente, c'est parce qu'ils prennent la photo qui sera **attachée** à votre carte. Pour vous inscrire à vos cours, il faut **vous rendre** dans votre bâtiment. Vous traversez la cour et c'est le bâtiment juste en face. Vous ne pouvez pas **le rater**, c'est écrit « Lettre et Histoire » **au dessus de** la porte. Le bureau des inscriptions se trouve au premier étage, l'escalier est **en face de** l'entrée. Bon courage ! Et bienvenue à la Sorbonne ! »

She takes a map of the university from one of her desk drawers and lays it flat on the table, facing Louise. With her pen, she points out several places on the piece of paper.

"We're here. The student card creation office is here. It's not complicated, it's just next door. Undoubtedly, there will be a little wait, this is because they take a photo of you which will be attached to your card. To register for your classes, you must go to your building. Cross the courtyard and it's the building just opposite. You can't miss it, "Humanities and History" is written above the door. The registration office is on the first floor, the stairs are in front of the entrance. Good luck! And welcome to The Sorbonne!"

Un plan - A map

Un tiroir - A drawer

Poser à plat - To lie flat

Indiquer - To show

A côté - Next to

Attacher - To attach

Se rendre - To go

Rater - To miss

Au dessus de - On top of

En face de - In front of

Louise lui sourit avant de la **remercier** et sort du bureau, son plan à la main. Elle décide de faire les choses **dans l'ordre** indiqué par la secrétaire. **En premier lieu**, elle fait sa carte d'étudiant, carte importante qui permet d'accéder aux cours et examens, et donne lieu à de nombreux **avantages** : Cinémas moins chers, musées gratuits, **réductions** dans les restaurants. Quand on a un **budget** d'étudiant, toutes ces petites **économies** sont bienvenues. L'attente n'est pas si longue, et elle passe très vite. Ce sont des étudiants qui s'occupent de la création des cartes, et **l'ambiance** est joyeuse. Sa carte en sa possession, elle sort du bâtiment administratif pour aller dans celui des lettres et s'inscrire à ses cours optionnels pour l'année à venir. Ici aussi, le passage est rapide et Louise n'a pas de mal à choisir ses options, elle sait très bien ce qu'elle veut faire : pour elle, ça sera littérature ancienne et grec ancien, pour se familiariser avec l'époque dans laquelle elle veut **se spécialiser**.

Louise smiled at her before thanking her and leaving the office, her map in hand. She decides to do the things in the order suggested by the secretary. Firstly, she does her student card, an important card which gives her acces to classes and exams, and gives many benefits: cheaper cinema tickets, free museums, restaurant discounts. When you have a student budget, all these little savings are welcome. The wait isn't that long, and it goes by quickly. The students manage the card creation, and the atmosphere is merry. With her card in her possession, she leaves the administrative building to go into the Humanities building and sign up to her optional classes for the coming year. Here, too, the process is fast, and Louise has no problem choosing her options as she knows very well what she wants to do: for her, it'll be ancient literature and ancient Greek, to familiarize herself with the period she wants to specialize in.

Remercier - To thank

Dans l'ordre - In order

En premier lieu - First

Des avantages - Advantages

Des réductions - Discount

Un budget - A budget

Des économies - Savings

Ambiance - Atmosphere

Se spécialiser - To specialize

Et voilà, c'est fini. Elle a enfin terminé son inscription universitaire. En sortant de la fac, elle appelle ses parents, qui n'étaient pas venus avec elle pour les démarches, préférant **profiter de** la ville. Ils se trouvent justement dans un café juste en face de la Sorbonne, et **l'attendent** là-bas. Louise marche dans la rue, ne se souciant pas du monde autour et **n'ayant d'yeux que** pour sa carte **prouvant** son nouveau statut. Elle avait attendu ce moment depuis longtemps et c'est officiel : elle est une étudiante. L'inscription n'a pas été facile et les nombreuses démarches l'avaient presque découragée, mais maintenant, elle en **ressort le cœur léger** et encore plus impatiente de commencer les cours. Pour l'entendre autour d'elle et dans les médias, elle le sait bien. Les démarches administratives ne sont jamais simples et ressemblent parfois à **l'épreuve des fous** d'un célèbre dessin animé. Mais le **désarroi** causé est minime comparé au bonheur de ce qu'elle vivra les prochaines années. Rien ne lui **enlèvera** cela.

And it's done. She has finally finished her university registration. Leaving the university, she calls her parents, who weren't with her for her tasks, preferring to take advantage of the city. They are just in a café opposite to The Sorbonne and are waiting for her there. Louise walks along the road, not caring about the world around her and only having eyes for her card which proves her new student status. She'd been waiting for this moment for a long time and it's official: she is a student. Registration hadn't been easy, and the numerous steps had almost discouraged her, but now, she feells happy again and even more impatient to start classes. She is familiar with it from hearing about it from those around her and in the media. The administrative processes are never simple and sometimes resemble an impossible task from a well-known cartoon. But the dismay caused is minimal compared to the joy she will experience in the coming years. Nothing will take that away from her.

Profiter de - To take advantage of

Attendre - To wait for

N'avoir d'yeux que pour quelque chose - To only have eyes for something

Prouver - To prove

Ressortir - To go out

Le cœur léger - Light-heartedly

L'épreuve des fous - Reference to an episode of Asterix in which he has to go through a house full of crazy people, due to the impossible administration

Le désarroi - The dismay

Enlever - To take off

Vocabulary Recap

Complexité - Complexity

Flux - Flow

Lycée - High school

Campagne - Countryside

Comporter - To include

Être habitué - To be used to

Depuis longtemps - Since a long time

Pousser à - To drive someone to

Déjà - Already

Réflechir - To think about something

Collège - Middle school

Rêve - Dream

Carrière - Career

Maitre/Maitresse d'école - Teacher (only for primary school)

Fouiller la terre - To excavate

Archéologue - Archeologist

Être fière - To be proud

Encourager - To encourage

Emmener - To take / To drive

Musée - Museum

Présenter - To introduce / To show

Développer - To develop

Un Professeur - A teacher (for middle / high school)

La première - Eleventh grade (US school)

Inviter à faire quelque chose - To invite someone to do something

Se renseigner - To make inquiries / To find out about something

Proposer - To offer (in that context)

Les recherches - The research

Exactement - Precisely

La terminale - The final year (in high school)

La démarche - The step / The procedure

Compliqué/Complexe - Complicated

La procédure - The procedure

Simplifier - To simplify

Afin de - In order to

Permettre - To allow

Se concentrer - To focus

L'énergie - The energy

Site - Website

Centraliser - To centralize

Un dossier - A file

Avoir la certitude - To be convinced

Courrier - Mail

Se préoccuper de - To be concerned about

La méthode - The method

Gouvernement Français - French government

Poursuivre - To continue / To pursue

Prestigieuse - Prestigious

Certifié - Certified

Intégrer - To get into

Une appréciation - Comment / Appreciation

Un atout - Asset

Finaliser - To finalize

Rapidement - Quickly

Simplicité - Straightforwardness

Pourtant - But ...

Se plaindre de - To complain about

Un formulaire - A form

Inutilement - Unnecessarily

Un avancement - A progress

L'incertitude - Uncertainty

Espoir - Hope

Approcher à grands pas - To be looming

Baccalaureat/Bac - Final year exam in French school (The exam is necessary for attendance at a University)

Faire parler de soi - To be a topic of conversation

Un reportage - A report

L'affolement - The panic

Une épreuve - A test

Les résultats - The results

La réaction - The reaction

Face à - In front of

Une embrassade - Hugging and kissing

Un camarade - A friend

Un bachelier - Student who has passed the baccalauréat

Avoir la moyenne - Passing grade (US)

Repenser - To remember

Des révisions - Revisions

La bonne nouvelle - The good news

Priorité - Priority

Éreintant - Grueling

Mention - Honors

En poche - Under the belt

Rassembler - To gather

Décourager - To discourage

Fournir - To provide

La vie étudiante - The student life

Fixer le prix - To set the price

L'accès à l'éducation - Access to studies

Plus grand nombre - The majority

Une bourse - Scholarship

Un logement - An accomodation

Natal - Native

Avoir droit - To be entitled to

Des aides - An allowance

Un parcours du combattant - Assault course (French common expression)

Revenus - Income

Moyens - Means (Money)

Prix bas - Low price

La souscription - The subscription

La sécurité sociale (or Sécu) - French social security system

La mutuelle - Benefit society (US)

Se soucier de - To worry about

Auparavant - Before

L'esprit - The mind

Accompagner - To go with

Laisser partir - To let go

Allouer - To grant

Disposer - To have

Émerveiller - To fill with wonder

Être excité - To be excited

Pénétrer - To enter

Tout ce qu'elle sait - All that she knows

Un couloir - A corridor

Se mélanger - To mix with

Les intervenants - The contributors / The speakers

Une réunion - A meeting

La licence - Bachelor's degree

Ville Lumière - The city of light (nickname for Paris)

Reconnaître - To recognize

Pas rapide - Fast pace

Le tumulte - The tumult

Empêcher - To prevent

La feuille imprimée - The printed sheet

Elle est déjà en retard - She's already late

Une perspective - The idea

Nerveux - Nervous

L'équipe administrative - The administration team

Pour rien - For nothing

La rentrée universitaire - The start of the new university year

Prévoir - To expect

Une forte inspiration - To inhale deeply

Les bureaux d'enregistrement - The registration office

Se plonger - To throw oneself into

Avoir l'air - To look

Timidement - Shyly

Aborder - To walk up to

Lancer un regard - To look at

Attente - Waiting

C'est le moment ou jamais - It's now or never

Premier étage - First floor

Soudainement - Suddenly

Pensif - Thoughtful

Soulager - To relieve

Un sauveur - A savior

Faire connaissance - Get to know someone

Plus particulièrement - More particularly

Hésiter - To hesitate

Bon - Well

Du moins - At least

C'est pas faux (= c'est vrai) - That's right

Un lasso - A lasso

Indéniablement - Undeniably

Grâce à - Thanks to

En prime - As a bonus

Vaste - Vast

Au fait - By the way

Enthousiasme - Enthusiasm

Divers - Various

Enchanté - Nice to meet you

Rendre son sourire - To smile back

Mordre - To bite

Ne pas être si ... - To not be that ...

Prendre - To take

Revoir - To see again

Partager - To share

Fort - With

Bonne humeur - Good mood

Retrouvé - Back

Frapper à la porte - To knock on the door

Fine - Thin

Quarantaine - About forty

Accueillir - To welcome

Un sourire en coin - A half-smile

Effectivement - Indeed

Prendre ses marques - To learn the place

Vérifier - To check

Si vous le voulez bien - If it is okay with you

Une pochette - A cover

Carton - Cardboard

Marqué - Marked

Feutre indélébile - Permanent marker

Passé - Last

Récapituler - To run over

Pas à pas - Step-by-step

Une attestation d'étudiant - A student certificate

Perdre - To lose

Avoir accès à - To have access to

Un stand - A stand

Une esplanade - An esplanade

Carte d'étudiant - Student card

Conseiller - To recommend

Minime - Minimal

Ne pas être sûr - To not be sure

Un plan - A map

Un tiroir - A drawer

Poser à plat - To lie flat

Indiquer - To show

A côté - Next to

Attacher - To attach

Se rendre - To go

Rater - To miss

Au dessus de - On top of

En face de - In front of

Remercier - To thank

Dans l'ordre - In order

En premier lieu - First

Des avantages - Advantages

Des réductions - Discount

Un budget - A budget

Des économies - Savings

Ambiance - Atmosphere

Se spécialiser - To specialize

Profiter de - To take advantage of

Attendre - To wait for

N'avoir d'yeux que pour quelque chose - To only have eyes for something

Prouver - To prove

Ressortir - To go out

Le cœur léger - Light-heartedly

L'épreuve des fous - Reference to an episode of Asterix in which he has to go through a house full of crazy people, due to the impossible administration

Le désarroi - The dismay

Enlever - To take off

Practice your writing

Write a short summary of this story. Do not paraphrase please.

Sample:

Enfin, le début de l'année commence pour Louise qui attendait ça depuis longtemps. Le baccalauréat obtenu, Louise est désormais officiellement, en ce jour de pré-rentrée, une étudiante à l'Université de la Sorbonne. La capitale l'accueille dès à présent et ce n'est pas sans difficulté que Louise s'est faite à sa nouvelle vie. Après avoir facilement dépassé les stressantes procédures d'admissions, elle dût se confronter malgré elle à l'intimidant système administratif français. Entre les photocopies d'identités, de notes, les attestations de revenus et les souscriptions diverses et variées, Louise a tout de même fini par remporter la victoire. C'est ainsi, qu'aujourd'hui, émerveillée comme terrorisée, elle se retrouve cernée par la masse, perdue dans les impressionnants couloirs de la Sorbonne ! Mais son combat n'est pas définitivement terminé, reste encore à trouver son chemin à travers ce gigantesque labyrinthe, où la foule oppressante s'active à parcourir hâtivement les couloirs de la faculté. Complètement désemparée, elle ne sait ni quoi faire ni comment, tellement son anxiété est grande. La tension est alors à son comble, tandis qu'il ne lui reste plus que quelques détails à peaufiner pour finaliser son inscription et ainsi, débuter un long chemin vers une grande et glorieuse carrière d'Archéologue !

HISTOIRE 2: DES ACHATS S UR INTERNET
STORY 2: ONLINE SHOPPING

Louise est assise dans le **canapé**. Elle vient de rentrer chez elle et prend le temps de se relaxer après une semaine de travail **éreintante**. On est vendredi et elle a deux jours pour se reposer. « **Enfin** le week-end...» pense-t-elle. Durant la semaine, elle avait tellement de choses à faire qu'elle n'avait le temps de penser à rien. Pas même à **l'anniversaire** de sa sœur qui est la semaine prochaine. Elle ne **s'en rappelle** qu'au moment où, **alors qu**'elle est en train de lire un des magazines féminins qu'elle reçoit chaque semaine, elle **tombe sur** un article expliquant comment faire un gâteau d'anniversaire, « **gourmand** et **raffiné** » dit l'article. Ça la fait rire, jusqu'à ce que le lien se fasse dans la tête, et qu'elle **se redresse** d'un coup, paniquée.

Louise is sitting on the couch. She has just returned home and is taking the time to relax after a gruelling week of work. It's Friday and she has two days to rest. "The weekend, at last..." she thinks. During the week, she had so many things to do that she didn't have the time to think about anything. Not even her sister's birthday which is next week. She only remembers when, whilst reading one of the women's magazines that she receives weekly, she stumbles across an article explaining how to make a birthday cake that is "tasty and sophisticated" the article says. This makes her laugh, until she connects the dots in her head, and suddenly sits up straight, in a panic.

Canapé - Sofa / Couch

Éreintant - Grueling

Enfin - Finally

Anniversaire - Birthday

Se rappeler - Remember

Alors que - While

Tomber sur - To come across

Gourmand - Tasty (in that particular context)

Raffiné - Refined

Se redresser - To sit up straight

« Anniversaire ! » **S'écrie**-t-elle.

Romain, son mari, alarmé par le bruit, arrive dans le salon d'un pas rapide.

« Qu'est-ce qu'il se passe ? » demande-t-il, surpris.

« La semaine prochaine, c'est l'anniversaire de Clara ! J'avais complètement oublié ! Et je n'ai pas **prévu** de cadeau ! »

Elle se lève et se met à **tourner en rond** dans **la pièce**, essayant de réfléchir à une solution.

Romain s'assoit sur **le bord** du canapé, et la regarde, **mi-soulagé** et **mi-agacé**, parce qu'il a cru que quelque chose de **grave** était arrivé.

"Birthday!" she cries out.

Romain, her husband, alarmed by the noise, quickly comes into the living room.

"What's happening?" he asks, surprised.

"It's Clara's birthday next week! I completely forgot! And I haven't thought of a gift!"

She gets up and starts to pace around the room, trying to think of a solution.

Romain sits on the edge of the couch, and looks at her, half-relieved and half-annoyed, because he thought something serious had happened.

S'écrier - To exclaim

Prévoir - To anticipate

Tourner en rond - To go around in a circle

La pièce - The room

Le bord - The edge

Mi… mi… - Half … Half …

Soulagé - Relieved

Agacé - Annoyed

Grave - Serious

« Ben, demain on est samedi, les **magasins** sont ouverts. Tu as le temps d'acheter un cadeau. »

«Non, demain je ne peux pas. Les enfants ont leur **atelier d'éveil** à la **bibliothèque** le matin, et j'ai un rendez-vous chez le **coiffeur** dans l'après-midi. » Et elle ne compte pas **annuler**. Cela faisait des semaines qu'elle avait pris le rendez-vous, et ses cheveux en **ont bien besoin**. En plus de ça, elle **déteste se rendre** en ville le samedi. Tous les gens qui, comme elle, ne peuvent pas faire du shopping en semaine **à cause de** leur travail, y vont le samedi. Les rues **deviennent** alors **impraticables**, il est encore moins possible de **se garer** car les parkings publics sont tous **pleins**, et les **places** dans les rues limitées. Les magasins sont aussi **bondés**, il est impossible de faire ses achats **correctement** et **l'attente** aux **caisses** est **interminable**. Louise n'a pas vraiment de patience, et elle rentre toujours de **mauvaise humeur** d'une expédition shopping dans ces conditions. Elle **a bien assez** avec le stress qu'elle doit **gérer** la semaine, elle n'a pas envie de rajouter en plus celui **inutile** d'un samedi en ville.

"Okay, tomorrow is Saturday, the shops are open. You have time to buy a present."

"No, I can't tomorrow. The children have their early-learning class at the library in the morning, and I have an appointment at the hairdresser in the afternoon." And she doesn't intend on cancelling. She made the appointment weeks ago and her hair really needs it. Moreover, she hates going into town on Saturday. Everyone, who, like her, can't shop during the week because of their work, goes there on Saturday. The streets become impractical, it's even less possible to park because the public car parks are all full, and the on-road parking spaces are limited. The shops are also packed, it's impossible to shop properly and the wait at the tills is endless. Louise isn't very patient, and she always comes back in a bad mood from a shopping trip in these conditions. She has enough with the stress she has to manage during the week, she doesn't want to add to this with a pointless Saturday in town.

Les magasins - The shops

Atelier - Class

Éveil - Early-learning

Bibliothèque - Library

Coiffeur - Hair dresser

Annuler - To cancel

Avoir besoin - To need

Détester - To hate

Se rendre - To go

A cause de - Because of

Devenir - To become

Impraticable - Impracticable

Se garer - To park

Plein - Full

Place (de parking) - Space

Bondé - Packed

Correctement - Properly

L'attente - A wait

La caisse - The cashier

Interminable - Endless

Mauvaise humeur - Bad mood

Avoir assez - To have enough

Gérer - To manage

Inutile - Pointless

« J'aurais plus **vite fait** de **commander** sur internet. »

« Tu n'as qu'à faire ça ! En plus, t'adores **fouiller** sur les **sites marchands**. Mais n'y **passe pas des heures** non plus ! »

« Ne t'inquiète pas ! Je vais **régler** cela vite. »

Elle se rend dans **le bureau** où se trouve **l'ordinateur** familial, **l'allume** et se rend sur internet, bien décidée à trouver le cadeau idéal pour sa sœur.

"It would have been quicker if I'd ordered online."

"That's all you have to do! You love looking on shopping websites, too. But don't go spending hours on there!"

"Don't worry! I'll sort this out quickly."

She goes to the office where the family computer is, turns it on and goes to the internet, determined to find the perfect gift for her sister.

Vite fait - Quickly

Commander - To order

Fouiller - To search

Site Marchand - Shopping website

Passer des heures - To spend hours

Régler - To sort out

Le bureau - The study room

L'ordinateur - The computer

Allumer - To turn on

Le temps que le PC **se mette en place**, elle **se munit** d'une feuille et note quelques idées de cadeaux pour la guider dans ses recherches. Clara est quelqu'un qui adore la culture, et elle est très créative. Elle aime aussi beaucoup **la mode, surtout** les sacs et les chaussures. Elle passe des heures à parler de **romans policiers** et de séries **à la mode**, ou du dernier **film indépendant** sorti sur **les écrans**. Cela laisse **un large éventail** de choix à Louise, qui doit maintenant **définir** un budget.

« **Chéri** ! Que penses-tu de 50 euros pour le cadeau ? »

« Tu fais ce que tu veux ! »

« Merci pour l'aide... »

50 euros **fera l'affaire**. C'est une somme **correcte** pour des cadeaux de **ce genre**.

While the PC boots up, she grabs a piece of paper and notes down some gift ideas to help her searches. Clara is someone who loves culture and is very creative. She also likes fashion, especially bags and shoes. She spends hours talking about mystery novels and trending TV series, or the latest independent movie out in the theaters. That leaves Louise, who must now set a budget, with a large range of options.

"Honey! What do you think about 50 euros for the present?"

"Do what you want!"

"Thanks for the help..."

50 euros will be fine. It's a good amount for these types of gift.

Le temps que - While

Se mettre en place - To set up

Se munir - To grab

La mode - Fashion

Surtout - Especially

Un roman policier - A detective novel

A la mode - Trendy

Un film indépendant - An independent movie

Un écran - A screen (here, cinema screen)

Un large éventail - A big range

Définir - To set

Chéri - Honey

Faire l'affaire - To be fine

Correct - Fine

Ce genre - That kind

Sa feuille à côté d'elle et le budget en tête, elle commence à faire ses recherches pour le cadeau parfait pour sa petite sœur. L'avantage d'internet sur les magasins en ville, c'est que le choix est **indéniablement** plus important ! Elle a plus **d'une dizaine** de sites ouverts sur son écran, lui **proposant** différents cadeaux qui **correspondent** à ses idées. Elle n'a plus qu'à choisir celui qu'elle veut.

With the piece of paper next to her and a budget in mind, she begins to look for the perfect gift for her little sister. The benefit of the internet over the shops in town, is that the choice is undeniably greater! She has over ten websites open on her screen, suggesting different gifts to suit her ideas. She only has to choose the one she wants.

Indéniablement - Undeniably

Une dizaine - About ten (Also used for “a dozen”)

Proposer - To suggest

Correspondre - To meet

Elle commence par les produits culturels, pensant que c’est le cadeau **le plus facile** à offrir. Mais très vite, elle se retrouve **submergée** par une sélection bien trop **vaste**.

« Bon ok, un inconvénient de l’achat par internet par rapport à l’achat sur place : dans ma **librairie**, les employés me donnent des conseils... »

« Tu sais ce qu’elle aime, non ? **Il suffit** de regarder dans les **meilleures ventes**. »

« Oui mais si c’est dans les meilleures ventes, tu peux être sûr qu’elle les a **déjà** lus...»

« C’est vrai. Mais ta sœur passe son temps à lire aussi ! Comment peux-tu être sûre qu’elle n’a pas déjà le livre que tu lui auras choisi ? »

« Oui... Je devrais mettre l’idée **de côté** pour le moment. »

She starts with cultural products, thinking that this is the easiest gift to give. But very quickly, she finds herself inundated by an overwhelming selction.

“Okay, a disadvantage of online shopping compared to shopping locally: in my bookshop, the staff give me advice...”

“You know what she likes, right? You just have to look at the bestsellers.”

“Yes, but if it’s in the bestsellers, you can be sure she has already read it...”

“That’s true. But your sister spends her time reading as well! How can you be sure that she won’t already have the book you’ve have chosen?”

“Yes... I should put this idea aside for the moment.

Le plus facile - The easiest

Submergé - Inundated

Vaste - Huge

Librairie - Bookshop

Il suffit - You just have to

Meilleures ventes - Best selling

Déjà - Already

Mettre de côté - To leave aside

Elle **barre** le mot « roman » en **soupirant**, et repart à la recherche du cadeau parfait. Si les produits culturels sont trop **risqués**, un vêtement devrait être beaucoup plus simple à trouver. Enfin, **en théorie**. Louise connaît **parfaitement les goûts** de sa sœur, et elle sait aussi qu'ils sont plutôt raffinés. Ils le sont même **un peu trop** pour son budget. Elle se sent **désespérée** quand elle regarde **les prix** sur les sites vendant les marques **préférées** de sa sœur. **Heureusement**, son mari est encore là pour la **rassurer** et la conseiller.

« Je sais que tu aimes Clara, mais ne te **ruine** pas pour elle non plus ! Ça **n'a aucun intérêt** de **dépenser** 300 Euros dans un cadeau. Elle le sait que tu n'es pas **milliardaire**. »

« Oui, mais je veux offrir quelque chose qui lui **plaira** ! Je veux qu'elle soit **heureuse** en le recevant. »

« C'est bien de vouloir la rendre heureuse, mais ne rends pas ton **porte-monnaie** malheureux pour ça ! »

« Très bien... Je vais bien trouver un petit **accessoire** dans mes prix. »

Sighing, she crosses out the word "novel" and starts looking for the perfect gift again. If cultural products are too risky, an item of clothing should be much simpler to find. Well, theoretically. Louise knows her sister's tastes perfectly, and she also knows they are rather sophisticated. They are even a little too much for her budget. She despairs when she looks at the prices on the websites selling her sister's favorite brands. Luckily, her husband is there again to reassure and advise her.

"I know you love Clara, but don't go spending a fortune on her. There is no point spending 300 euros on a present. She knows that you aren't a multi-millionaire.

"Yes, but I want to give her something she'll like! I want her to be happy when she receives it."

"It's good to want to make her happy, but don't empty the bank for it!"

"Very well... I will find a small accessory within my price range."

Barrer - To cross

Soupirer - To sigh

Être risqué - To be risky

En théorie - Theoretically

Parfaitement - Perfectly

Les goûts - The tastes

Préféré - Favourite

Heureusement - Fortunately

Un peu trop - A little too much

Désespérée - Desperate

Se ruiner - To spend a fortune

Ne pas avoir d'intérêt - There is no point

Dépenser - To spend

Milliardaire - Multimillionaire

Plaire à - To be liked

Heureux - Happy

Porte- monnaie - Purse

Elle fouille alors dans la **catégorie** accessoire des sites, dans l'espoir de trouver une **écharpe** ou une **ceinture** dans ses prix. Malheureusement, même **ceux-là** étaient trop chers pour elle.

« Mais qui veut mettre 100 Euros dans un **foulard** ?! C'est **tout bonnement aberrant** ! »

En regardant un peu sur les **moteurs de recherche**, elle tombe enfin sur un site qui offre des prix **attractifs** pour les articles correspondant à **ses attentes**. Au début heureuse, elle finit par **se méfier** de ces offres aussi basses pour des marques plutôt **haut de gamme**.

She searches on the websites' accessories category, in the hope of finding a scarf or a belt in her price range. Unfortunately, even those were too expensive for her.

"But who wants to spend 100 euros on a scarf?! This is quite simply absurd!"

She takes a look at the search engines and finally comes across a website offering attractive prices for the items she's hoping for. Whilst happy at first, she ends up being suspicious of these very low offers for rather high fashion brands.

Catégorie - Category

Une écharpe/un foulard - A scarf

Une ceinture - A belt

Ceux-là - Those ones

Tout bonnement - Quite simply

Aberrant - Absurd

Un moteur de recherche - A search engine

Attractif - Attractive

Une attente - An expectation

Se méfier - To be suspicious of

Haut de gamme - High (here, high fashion)

Pour être sûre, avant de commander elle recherche **des avis** à propos du site, et n'est pas déçue de **sa découverte**.

« Aucun **service client**. » « J'ai fait une commande que je n'ai jamais **reçue**, je **n'arrive pas à joindre** le site, que ce soit par mail ou par téléphone. » « Ils ne respectent pas les **délais d'envoi**. » **Ses doutes** se confirment, c'est bien un site de **fraude**.

C'est un autre problème avec les achats sur internet. Beaucoup de sites ne sont pas sérieux ou sont tenus par des gens peu **scrupuleux**. Pire, certains sites sont de **véritables arnaques. Il vaut mieux** se méfier de ce que l'on fait avec son argent sur **la toile**, de nos jours.

To be sure, before ordering, she looks up the reviews of the website and is disappointed by what she finds out.

"No customer service." "I placed an order that I never received, I couldn't contact the website, either by email or telephone." "They don't adhere to the delivery date." Her doubts are confirmed, this is a fraudulent website.

This is another problem with online shopping. Lots of websites are fake or are managed by unscrupulous people. Worse, some sites are real scams. It's better to be cautious with what you do with your money on the internet nowadays.

Un avis - An opinion

Une découverte - A discovery

Service client - Customer service

Recevoir - To receive

Arriver à - Can

Joindre - To contact

Délais d'envoi - Sending time

Un doute - A doubt

Fraude - A fraud

Peu scrupuleux - Unscrupulous

Véritable - True

Une arnaque - A rip-off

Il vaut mieux - It is better to

La toile - The web

Louise en avait fait **la mauvaise expérience** lorsqu'elle avait commencé à **s'intéresser** aux achats sur internet. Très enthousiaste par ce nouveau **moyen** de pouvoir s'offrir les choses qu'elle veut sans avoir à **quitter** sa maison, elle dépensait sans même se méfier. Jusqu'à ce qu'un jour elle décide de commander des chaussures sur internet. La photo et la description **laissaient alors penser** que les chaussures avaient tout pour lui plaire. Mais la surprise était **de taille** lors de **la livraison** des chaussures. Elles n'avaient **rien à voir** avec la photo affichée sur le site. La couleur était différente et la qualité laissait penser qu'elles n'allaient pas **durer** longtemps. Elle avait été **bien sûr** très déçue par le produit et pensait pouvoir le renvoyer pour **motif de non-satisfaction**. Elle fut de nouveau surprise et en colère quand elle reçut une réponse à son email **réclamant** un remboursement : Le service client pourtant très poli, acceptait de la rembourser **à condition** qu'elle paie pour **renvoyer** le produit. Elle avait refusé, bien sûr, puisque la condition était inacceptable. Mais malgré les nombreux mails renvoyés depuis et **les menaces** d'appeler **un avocat**, rien n'y a fait : Elle n'avait jamais reçu d'autres réponses de la part de ce site peu scrupuleux. Elle avait fini par **donner** les chaussures, que pouvait-elle faire d'autres ? Elles n'étaient vraiment pas à son goût.

Louise had had a bad experience when she first took an interest in online shopping. Very enthusiastic about this new way of being able to afford things she wants without having to leave the house, she spent her money carelessly. Until one day she decided to order shoes on the internet. The photo and the description led her to believe that the shoes were just what she wanted. But there was a huge surprise when they were delivered. They looked nothing like the photo posted on the website. The color was different, and the quality led her to believe that they were not going to last long.

She had, of course, been very disappointed by the product and she was dissatisfied enough to think about sending it back. She was surprised and angry when she received a response to her email requesting a refund: although very polite, customer services accepted the refund on the condition that she paid to send the product back. She refused, of course, since the quality was unacceptable. But despite several emails sent since and threats to call a lawyer, nothing happened: she never received any other replies from this unscrupulous website. She ended up giving the shoes away, what else could she do? They weren't really her style.

La mauvaise expérience - The bad experience

S'intéresser - To have interest

Un moyen - A mean

Quitter - To leave

Laisser penser - To lead someone to believe

Surprise de taille - A huge surprise

La livraison - The delivery

N'avoir rien à voir - To be nothing like ...

Durer - To last

Bien sûr - Obviously

Motif - Reason

Non-satisfaction - Unsatisfaction

Réclamer - To demand

À condition - Providing

Renvoyer - To send back

Une menace - A threat

Un avocat - A lawyer

Donner - To give away

Mais cette histoire l'avait mise **en colère** et pendant un temps, elle avait arrêté de faire du shopping sur internet et était retournée aux moyens **plus traditionnels**, se rendant en ville pour faire les magasins. Petit à petit, elle était revenue à internet mais, depuis cette **mésaventure**, elle est plus vigilante quant à ses achats sur internet. Avant d'effectuer n'importe quel achat, elle vérifie les avis et les possibles

avertissements à propos du site. Et plusieurs fois, elle avait pu **éviter** de perdre de l'argent en **décelant** un manque de sérieux, grâce aux commentaires postés sur des réseaux spécialisés.

But this story had annoyed her and for a while, she stopped shopping online and returned to the more traditional means of going to town to shop. Slowly but surely, she returned to the internet but, since this unfortunate experience, she is more vigilant when it comes to shopping online. Before placing any order, she checks the reviews and the possible warnings about the website. And several times, she had been able to avoid wasting money by spotting a lack of reliability, thanks to the comments posted on specialized websites.

Être en colère - To be angry

Plus traditionnel - More traditional

Une mésaventure - A unfortunate experience

Un avertissement - A warning

Eviter - To avoid

Déceler - To spot

Louise ferme le site. Elle pourra le rajouter dans la liste des sites marchands à éviter. **Lassée**, elle se lève de sa chaise et **s'étire**. Elle commence à **perdre patience**. Cela fait deux heures qu'elle cherche ce **maudit** cadeau, et elle n'a toujours rien trouvé. Elle décide de **faire une pause**, de toute façon c'est bientôt l'heure de manger, et elle doit **s'occuper** des enfants aussi.

Elle retourne à sa recherche trois heures plus tard, après avoir **préparé le dîner** avec son mari, mangé, et s'être occupée du coucher des enfants. Il est plus de 21 heures, et elle se sent un peu fatiguée. Elle décide de prendre son ordinateur portable et de continuer ses recherches assise sur le canapé, avec son mari, devant un film. Peut-être qu'elle trouverait la tâche moins **pénible** comme ça.

Louise closes the website. She could add it to the list of online stores to avoid. Tired of this, she gets up from her chair and stretches. She is beginning to lose patience. She has been looking for this damned gift for two hours, and she still hasn't found anything. She decides to take a break, it will soon be time to eat anyway, and she must take care of the children as well.

She goes back to her search three hours later, having prepared dinner with her husband, eaten it, and taken care of putting the children to bed. It is past 9pm, and she feels a little tired. She decides to take her laptop and continue her search sitting on the couch, with her husband, watching a film. Maybe she would find the task less arduous that way.

Être Lassé - To be tired of

S'étirer - To stretch out

Maudit - Damned

Faire une pause - To take a break

S'occuper de - To take care of

Préparer le diner - To make dinner

Pénible - Tiring, arduous

Ça commence **sérieusement** à lui faire **perdre son moral**, et elle se sent plus courageuse **blottie contre** son mari.

« **J'en ai marre** Romain... Je ne sais vraiment pas quoi lui acheter... »

« Et pourquoi pas un objet un peu design ? Internet **regorge de sites communautaires**, où de jeunes **créateurs** proposent leurs produits. C'est original, tu es **quasiment** sûre qu'elle ne l'aura pas, et ça ne pourra que lui plaire ! Elle qui aime être **en avance sur les tendances**, elle doit adorer les créations uniques ! »

« C'est vrai ! Je vais regarder ça ! »

It's really beginning to demoralize her, and she feels braver nestled up against her husband.

"I'm fed up, Romain... I really don't know what to buy her..."

"And why not a little designer object? The internet is full of community websites, where young creators offer their products. It's original, it's practically guaranteed that she won't have it, and that can only make her happy! She likes to be ahead the trends, she has to love unique creations!"

"That's true! I will take a look at that!

Sérieusement - Seriously

Perdre le moral - To be demoralized

J'en ai marre - I've had enough

Regorger - To be packed with ...

Un site communautaire - A common website

Un créateur - A designer

Quasiment - Almost

Être en avance sur - To be ahead of

Une tendance - A trend

Elle **embrasse** Romain sur la joue avant de s'installer plus confortablement et d'ouvrir une nouvelle page internet. Elle y cherche « objet design indépendant » et tombe directement sur un site **regroupant plusieurs** jeunes artistes proposant leurs créations. Elle est ravie des choix proposés qui sont variés. On peut **en effet** y trouver **des ustensiles de cuisine** ou encore **des bijoux, en passant par** des accessoires de mode et de portable. Clara vient juste **d'emménager** dans son nouvel appartement, alors un objet de **rangement** ou de **décoration** ne peut être que **bienvenu** !

She kisses Romain on the cheek before making herself more comfortable and opening a new webpage. She searches "independent designer items" and immediately comes across a site gathering together several young artists offering their creations. She is very happy with the variety of proposed choices. Indeed, you can find cooking utensils or even jewelry, as well as fashion and cellphone accessories. Clara has just moved into her new apartment, so a storage unit or a decoration could only be welcome!

Embrasser - To kiss

Regrouper - To gather together

Plusieurs - Several

En effet - Indeed

Un ustensile de cuisine - A cooking utensil

Un bijou - A jewel

Passer par - As well as (in that context)

Emménager - To move in

Objet de rangement - Storage unit

Object de décoration - Decorative object

Être bienvenu - To be welcome

Mais Louise **jette son dévolu** sur un bracelet en **or fin, serti** de **pierreries** rouges, discret et beau. Il va plaire à sa sœur, et en plus, il est dans ses prix. Avant de **finaliser** la commande, elle se renseigne quand même sur les **conditions d'envoi** du produit.

Elle cherche la **FAQ** pour connaître les détails de livraison. Au même moment, une petite **fenêtre** en bas à droite de son écran **s'ouvre**. Un message apparaît sur la **messagerie instantanée** attachée au site, plus pratique pour communiquer avec le service client. Elle décide d'en profiter et de demander les renseignements souhaités à la personne chargée du service ouvert 24 heures sur 24.

But Louise chooses a fine gold bracelet, set with discreet and beautiful red gems. Her sister will like it, and it's also in her price range. Before finalizing the order, she enquires about the delivery conditions. She looks for the FAQs to find out about the delivery details. At the same time, a little window on the bottom right of her screen opens. A message appears on the website's instant messaging service, which makes communicating with the customer services team more convenient. She decides to take advantage of it and request the desired information from the person in charge of the 24-hour service.

Jeter son dévolu - To choose

Or fin - Fine gold

Serti de - To be set with

Des pierreries - Gems

Finaliser - To finalize

Les conditions d'envoi - Sending conditions

FAQ (Foire aux questions) - FAQ (Frequently asked questions)

Une fenêtre - A window

S'ouvrir - To open

Une messagerie instantanée - An instant message service

Le service est rapide et efficace, montrant le véritable professionnalisme derrière le site. Sans même avoir à vérifier, elle sait que **ce domaine** est **fiable** et qu'elle pourra y faire des achats sans **craindre** pour son argent. Pour en **rajouter à** sa bonne surprise, elle apprend que **non seulement** l'envoi se fait très rapidement, 48 heures **tout au plus**, mais en plus, elle peut directement l'envoyer à l'adresse de Clara, qui vit à **l'autre bout** de la France. Le cadeau serait **emballé** et Louise n'aura plus qu'à écrire un petit mot d'anniversaire qui sera **inclus** dans le paquet. Elle est **décidément** gagnante.

The service is quick and efficient, showing the true professionalism behind the website. Without even having to check, she knows that this website is reliable, and she will be able to shop without fearing for her money. To add to this nice surprise, she learns that the delivery is not only very fast, 48 hours at the most, but also that she can send it directly to Clara's address on the other side of France. The gift would be wrapped, and Louise will just have to write a little birthday note which will be included in the package. This is definitely a winner.

Un domaine - A domain

Fiable - Reliable

Craindre - To fear

Rajouter à - To add to

Non seulement - Not only

Tout au plus - At the most

A l'autre bout - On the other side

Emballer - To wrap

Inclure - To add

Décidément - Definitely

Pour être sûre de son bon choix et se donner **bonne conscience**, elle vérifie quand même la fiabilité du site en tapant son nom sur le moteur de recherche. **Comme prévu**, les avis y sont tous positifs, que ce soit pour la qualité des produits que pour **la gestion** marchande et les délais d'envoi. Elle n'a plus aucune raison **d'hésiter** et lance enfin sa commande.

To be certain that she has chosen correctly and to give her a clear conscience, she checks the reliability of the website anyway by entering its name into the search engine. As expected, the reviews of it are all positive, whether it be for the quality of products or for the sales management and the delivery times. She has no reason to hesitate and finally places her order.

Bonne conscience - Clear conscience

Comme prévu - As expected

La gestion - The management

Hésiter - To hesitate

Après avoir mis le bracelet dans le **panier virtuel**, elle clique sur le bouton « confirmer » et est envoyée vers un **formulaire** d'achat. La première partie consiste à rentrer ses **données personnelles** ainsi que l'adresse où le colis doit arriver.

Après avoir vérifié que tout est correct, Louise peut passer à la suite : le choix de l'envoi. Plusieurs choix s'offrent à elle. Elle choisit l'option « **paquet cadeau** » et sélectionne une carte parmi un panel original de créations, ici encore, unique. Elle est sûre qu'en plus d'aimer son cadeau, Clara adorera la petite carte ! Avec un peu de chance elle **finira** même sur l'un des murs de son appartement. Louise écrit les quelques lignes qui seront sur la carte :

« Joyeux anniversaire ma belle ! J'espère que ce cadeau te plaira. Je te fais de gros bisous et te dis à la prochaine !

Louise. »

After putting the bracelet in the online shopping basket, she clicks on the "confirm" button and is sent to a purchase order form. The first part consists of entering her personal information as well as the address to where the package must be delivered. After having checked that everything is correct, Louise can move on: delivery options. Several choices are offered to her. She chose the "gift packaging" option and chooses a card from a selection of original creations which are also unique. She is certain that, in addition to her lovely gift, Clara will love the little card! With a little luck it will even end up on on her apartment wall. Louise writes a few lines which will be in the card:

"Happy birthday, Beautiful! I hope you like this gift. I'm sending my love and see you soon!

Louise."

Panier virtuel - Virtual basket

Un formulaire - A form

Des données personnelles - Personal information

Un paquet cadeau - A wrapped present

Finir - To end up

Enfin, elle peut payer son achat. Elle rentre les données de sa **carte bleue** et clique sur « payer ». Après la confirmation sur le site du bon paiement du produit, elle reçoit très rapidement un email de confirmation. **La manœuvre** lui aura prit en tout 10 minutes. **Ravie**, elle ferme son ordinateur et le pose sur **la table basse, soulagée**. Elle qui voyait déjà un weekend de stress **se profiler, durant lequel** elle allait devoir passer ses deux jours libres à résoudre **le casse-tête** qu'est de choisir un cadeau, elle est enfin **libérée**. Elle pourrait se reposer et ne penser qu'à elle et à sa famille. Il n'y a pas à dire, internet pour faire ses achats, c'est vraiment **une super invention** ! C'est le futur.

Elle se blottit **de nouveau** contre Romain qui lui sourit.

« Alors, c'est bon ? »

« Oui, enfin. Je suis sûre que ça va lui plaire. J'ai vraiment hâte qu'elle le voie ! »

Il rit et l'embrassa sur le front.

« Bravo ma chérie, tu es **la reine** des achats sur internet ! »

Finally, she can pay for her purchase. She enters her debit card details and clicks on "pay". After payment is confirmed successfully on the website, she receives a confirmation email very quickly. The operation took a total of 10 minutes. Delighted, she closes her laptop and puts it on the coffee table, relieved. She, who was already expecting to have a stressful weekend, during which she was going to have to spend her two free days resolving the puzzle of choosing a gift, is finally free. She could relax and think only about herself and her family. It has to be said that online shopping really is a great invention. It's the future.

She cuddles once more against Romain, who smiles at her.

"So, it's done?"

"Yes, finally. I'm sure she will like it. I'm excited for her to see it!"

He laughs and kisses her on the forehead.

"Well done, darling, you are the queen of online shopping."

Une carte bleue - A debit card

La manœuvre - The operation

Être ravi - To be delighted

La table basse - The coffee table

Être soulagé - To be relieved

Se profiler - To come up

Durant lequel - In which

Un casse-tête - A puzzle

Être libéré - To be free

Une super invention - A great invention

De nouveau - Again

La reine - The queen

Vocabulary Recap 2

Canapé - Sofa / Couch

Éreintant - Grueling

Enfin - Finally

Anniversaire - Birthday

Se rappeler - Remember

Alors que - While

Tomber sur - To come across

Gourmand - Tasty (in that particular context)

Raffiné - Refined

Se redresser - To sit up straight

S'écrier - To exclaim

Prévoir - To anticipate

Tourner en rond - To go around in a circle

La pièce - The room

Le bord - The edge

Mi... mi... - Half ... Half ...

Soulagé - Relieved

Agacé - Annoyed

Grave - Serious

Les magasins - The shops

Atelier - Class

Éveil - Early-learning

Bibliothèque - Library

Coiffeur - Hair dresser

Annuler - To cancel

Avoir besoin - To need

Détester - To hate

Se rendre - To go

A cause de - Because of

Devenir - To become

Impraticable - Impractiсable

Se garer - To park

Plein - Full

Place (de parking) - Space

Bondé - Packed

Correctement - Properly

L'attente - A wait

La caisse - The cashier

Interminable - Endless

Mauvaise humeur - Bad mood

Avoir assez - To have enough

Gérer - To manage

Inutile - Pointless

Vite fait - Quickly

Commander - To order

Fouiller - To search

Site Marchand - Shopping website

Passer des heures - To spend hours

Régler - To sort out

Le bureau - The study room

L'ordinateur - The computer

Allumer - To turn on

Le temps que - While

Se mettre en place - To set up

Se munir - To grab

La mode - Fashion

Surtout - Especially

Un roman policier - A detective novel

A la mode - Trendy

Un film indépendant - An independent movie

Un écran - A screen (here, cinema screen)

Un large éventail - A big range

Définir - To set

Chéri - Honey

Faire l'affaire - To be fine

Correct - Fine

Ce genre - That kind

Indéniablement - Undeniably

Une dizaine - About ten (Also used for "a dozen")

Proposer - To suggest

Correspondre - To meet

Le plus facile - The easiest

Submergé - Inundated

Vaste - Huge

Librairie - Bookshop

Il suffit - You just have to

Meilleures ventes - Best selling

Déjà - Already

Mettre de côté - To leave aside

Barrer - To cross

Soupirer - To sigh

Être risqué - To be risky

En théorie - Theoretically

Parfaitement - Perfectly

Les goûts - The tastes

Préféré - Favourite

Heureusement - Fortunately

Un peu trop - A little too much

Désespérée - Desperate

Se ruiner - To spend a fortune

Ne pas avoir d'intérêt - There is no point

Dépenser - To spend

Milliardaire - Multimillionaire

Plaire à - To be liked

Heureux - Happy

Porte- monnaie - Purse

Catégorie - Category

Une écharpe/un foulard - A scarf

Une ceinture - A belt

Ceux-là - Those ones

Tout bonnement - Quite simply

Aberrant - Absurd

Un moteur de recherche - A search engine

Attractif - Attractive

Une attente - An expectation

Se méfier - To be suspicious of

Haut de gamme - High (here, high fashion)

Un avis - An opinion

Une découverte - A discovery

Service client - Customer service

Recevoir - To receive

Arriver à - Can

Joindre - To contact

Délais d'envoi - Sending time

Un doute - A doubt

Fraude - Fraud

Peu scrupuleux - Uncrupulous

Véritable - True

Une arnaque - A rip-off

Il vaut mieux - It is better to

La toile - The web

La mauvaise expérience - The bad experience

S'intéresser - To have interest

Un moyen - A mean

Quitter - To leave

Laisser penser - To lead someone to believe

Surprise de taille - A huge surprise

La livraison - The delivery

N'avoir rien à voir - To be nothing like...

Durer - To last

Bien sûr - Obviously

Motif - Reason

Non-satisfaction - Unsatisfaction

Réclamer - To demand

À condition - Providing

Renvoyer - To send back

Une menace - A threat

Un avocat - A lawyer

Donner - To give away

Être en colère - To be angry

Plus traditionnel - More traditional

Une mésaventure - A misadventure

Un avertissement - A warning

Eviter - To avoid

Déceler - To spot

Être Lassé - To be tired of

S'étirer - To stretch out

Maudit - Damned

Faire une pause - To take a break

S'occuper de - To take care of

Préparer le diner - To make dinner

Pénible - Tiring

Sérieusement - Seriously

Perdre le moral - To be demoralized

J'en ai marre - I've had enough

Regorger - To be packed with ...

Un site communautaire - A common website

Un créateur - A designer

Quasiment - Almost

Être en avance sur - To be ahead of

Une tendance - A trend

Embrasser - To kiss

Regrouper - To gather together

Plusieurs - Several

En effet - Indeed

Un ustensile de cuisine - A cooking utensil

Un bijou - A jewel

Passer par - As well as (in that context)

Emménager - To move in

Objet de rangement - Storage unit

Object de décoration - Decorative object

Être bienvenu - To be welcome

Jeter son dévolu - To choose

Or fin - Fine gold

Serti de - To be set with

Des pierreries - Gems

Finaliser - To finalize

Les conditions d'envoi - Sending conditions

FAQ (Foire aux questions) - FAQ (Frequently asked questions)

Une fenêtre - A window

S'ouvrir - To open

Une messagerie instantanée - An instant message service

Un domaine - A domain

Fiable - Reliable

Craindre - To fear

Rajouter à - To add to

Non seulement - Not only

Tout au plus - At the most

A l'autre bout - On the other side

Emballer - To wrap

Inclure - To add

Décidément - Definitely

Bonne conscience - Clear conscience

Comme prévu - As expected

La gestion - The management

Hésiter - To hesitate

Panier virtuel - Virtual basket

Un formulaire - A form

Des données personnelles - Personal information

Un paquet cadeau - A wrapped present

Finir - To end up

Une carte bleue - A debit card

La manœuvre - The operation

Être ravi - To be delighted

La table basse - The coffee table

Être soulagé - To be relieved

Se profiler - To come up

Durant lequel - In which

Un casse-tête - A puzzle

Être libéré - To be free

Une super invention - A great invention

De nouveau - Again

La reine - The queen

Practice your writing

Write a short summary of this story. Do not paraphrase please.

Louise est quelqu'un de très occupée. Ses semaines sont pleines, et son temps lui est tellement compté, qu'elle en oublie les choses simples. Tout se passe comme prévu en ce début de week-end où Louise peut enfin prendre du temps pour elle. Tout va pour le mieux, jusqu'à ce que le drame ne survienne. Alors qu'elle lit tranquillement des magazines féminins dans son canapé, elle se rend soudainement compte que l'anniversaire de sa petite soeur approche à grand pas ! Vite, il faut lui faire un cadeau. Ni une, ni deux, Louise décide alors de se lancer dans cette longue et fastidieuse recherche. Malheureusement, aujourd'hui nous sommes samedi, et les magasins sont tous bondés. Une seule solution subsiste, faire du shopping sur internet. Mais tout n'est pas si facile non plus. Déjà par le passé, elle s'était faite avoir par un site frauduleux, et encore aujourd'hui, elle se retrouve nez à nez avec certaines boutiques en ligne peu recommandables par les internautes. Après avoir dressé son budget et une liste de ses idées, parcourue de nombreux sites sans ne rien trouver, Louise finit par perdre le moral et abandonner sa quête. Mais une fois encore, c'est Romain, son mari, qui viendra la sortir d'affaire et Louise parviendra enfin à trouver son bonheur.

HISTOIRE 3: MURIELLE A BESOIN D'UNE BONNE COUPE.
STORY 3: MURIELLE NEEDS A GOOD HARICUT.

Tous les matins, Murielle Pinson, une jeune femme de trente ans, passe un long moment dans sa salle de bain pour se préparer. Sous la douche, elle se lave **les cheveux**, puis elle utilise **un après-shampoing** qui sent la lavande. Une fois sa douche terminée et ses dents brossées, Murielle s'habille et **se coiffe**. Elle a les cheveux **lisses, châtains** et longs qui lui descendent jusqu'au milieu du dos. Murielle laisse pousser ses cheveux depuis un an maintenant, sans les avoir **coupés**. En semaine, pour aller au travail, la jeune femme les attache en **queue de cheval**. Elle trouve que cette coiffure est simple et qu'elle est surtout très pratique. Mais aujourd'hui nous sommes samedi et pendant le week-end Murielle laisse ses cheveux détachés. Elle pense que cela lui donne **un look naturel** qui lui va bien. En plus, la jeune femme a la chance de ne pas avoir des cheveux **indisciplinés**.

Every morning, Murielle Pinson, a young, 30-year-old woman, spends a long time in the bathroom getting ready. In the shower, she washes her hair, then she uses a lavender-scented conditioner. Once she has finished in the shower and has brushed her teeth, Murielle gets dressed and styles her hair. She has smooth, long, brown hair which comes down to the middle of her back. Murielle has let her hair grow for a year now, without having it cut. In the week, to go to work, the young woman puts her hair in a pony tail. She finds that this hairstyle is simple and above all very practical. But it's Saturday today and, on the weekend, Murielle wears her hair down. She thinks this gives her a natural look which really suits her. The young woman is also lucky she doesn't have unruly hair.

Les cheveux - The hair

Un après-shampoing - Hair conditioner

Se coiffer - To do one's hair

Lisses - Smooth hair

Châtains - Brown haired

Couper - To cut

Une queue de cheval - A pony tail

Un look naturel - A natural look

Indisciplinés - "Bed head" look

En se regardant dans le miroir, la jeune femme se demande si **une frange** lui irait bien. Elle essaye d'imaginer son visage avec une frange, mais elle ne sait pas trop quoi en penser. Elle avait une frange **courte** et très épaisse quand elle était plus jeune et étudiante à l'université. C'était **à la mode** à cette époque et toutes les filles de sa promo avaient la même coiffure. En se posant cette question, Murielle se dit aussi que ses cheveux sont assez **abîmés**. Ils sont cassants et **les pointes** sont sèches et **fourchues**. Pourtant, la jeune femme fait attention à sa chevelure. « Je pense que j'ai besoin d'une bonne coupe », se dit-elle en utilisant sa brosse à cheveux. « Il faut que j'aille **chez le coiffeur**. » Murielle doit d'abord prendre un rendez-vous. Elle pourrait y aller sans rendez-vous, mais elle ne serait pas sûre d'être reçue tout de suite. **Attendre** ne la dérange pas, mais la jeune femme préfère quand elle n'a pas à patienter trop longtemps.

Looking at herself in the mirror, the young woman wonders if a fringe would look good on her. She tries to imagine her face with a fringe, but she doesn't know what to think about it. She had a short and very thick fringe when she was younger and a student at university. It was the fashion at the time and all the girls in her year had the same hairstyle. Asking herself this question, Murielle also says to herself that her hair is quite damaged. It is brittle and the ends are dry and split. And yet the young woman takes care of her hair. "I think I need a good haircut," she said to herself while brushing her hair. "I have to go to the hairdresser." Murielle must first make an appointment. She could go there without an appointment, but she wouldn't be guaranteed to be seen straightaway. Waiting doesn't bother her, but the young woman prefers not to have to wait too long.

Une frange - Bangs / fringe

Courte - Short

À la mode - Fashionable/trendy

Abîmés - Damaged

Les pointes - The hair ends

Fourchues - Split

Chez le coiffeur - At the hair dresser

Attendre - To wait

Comme il y a un moment que Murielle n'est pas allée chez le coiffeur, elle doit regarder où se trouve **le salon de coiffure** le plus proche. Elle sait qu'il y en a un tout près de chez elle, dans la rue d'à côté, mais elle pense que c'est un salon **uniquement** pour les hommes. La jeune femme connait également une adresse en centre ville, mais c'est un salon de coiffure très **haut de gamme** où les prix sont vraiment très chers. Murielle gagne bien sa vie car elle a un bon travail, mais elle n'a pas autant d'argent à dépenser pour une seule **coupe de cheveux**.

As it's been a while since Murielle went to the hairdresser, she has to look at where the closest hair salon is. She knows that there is one very close to her, on the next street, but she thinks that it's just for men. The young woman also knows of a place in the town centre, but it's a very high-end salon where the prices are very expensive. Murielle earns a good living because she has a good job, but she she doesn't have that much money to spend on just one haircut.

Le salon de coiffure - The hair salon

Uniquement - Only

Haut de gamme - Top level / high range

Une coupe de cheveux - A haircut

La jeune femme décide de chercher un salon de coiffure en regardant sur internet. Elle pense que c'est plus simple que de chercher dans **l'annuaire**, surtout qu'elle ne sait pas où elle a rangé le sien ! Puis en cherchant sur internet, Murielle a toutes les informations sous la main : les adresses des salons, **les horaires d'ouverture**, les commentaires des autres clients et parfois même **les tarifs** !

Murielle consulte plusieurs pages web et trouve enfin un salon de coiffure dans sa gamme de prix et proche de chez elle. C'est un salon de coiffure mixte, à la fois pour hommes et pour femmes, mais ça ne dérange pas Murielle. Elle prend donc son téléphone portable et appelle tout de suite pour avoir **un rendez-vous**.

The young woman decides to look online for a hair salon. She thinks that this is simpler than looking in the telephone directory, especially since she doesn't know where she has put her's! Also, while searching online, Murielle has all the information at hand: the addresses of the hair salons, the opening times, the comments of other clients and sometimes even the prices!

Murielle consults several webpages and finally finds a salon in her price range and close to her house. It's a mixed salon, for both men and women, but that doesn't bother Murielle. So, she takes out her mobile phone and immediately calls to make an appointment.

L'annuaire - The yearbook

Les horaires d'ouverture - Opening hours

Les tarifs - The rates / prices

Un rendez-vous - An appointment

A l'autre bout du fil, le téléphone sonne...

« Salon Rapide Coiff', bonjour ! dit une jeune femme au combiné.

- Allô, bonjour, répond Murielle. J'aimerais prendre un rendez-vous, s'il vous plaît.

- Aucun souci, c'est pour vous ? demande la coiffeuse.

- Oui, c'est pour moi. Cette après-midi, c'est possible ?

- Attendez, je vais regarder ça tout de suite.... Pour cette après-midi oui, c'est faisable. Il y a une place libre à **trois heures**.

- **Quinze heures**, pour moi c'est parfait ! dit Murielle.

- Très bien. Alors je vais prendre votre nom. Madame ?

- Murielle Pinson.

- Murielle Pinson, c'est noté ! A toute à l'heure alors !

- Merci beaucoup, à toute à l'heure ! »

Murielle raccroche, très contente de cet accueil. Le salon semble être **branché** et tenu par une jeune coiffeuse très sympa. Murielle **a hâte** de s'y rendre !

At the other end of the line, the phone rings...

"Quick Cuts Salon, hello!" says a young woman on the phone.

"Hello," replies Murielle. "I would like to make an appointment, please."

"No problem, is it for you?" The hairdresser asks.

"Yes, it's for me. Is this afternoon possible?"

"Hold on, I will check now... This afternoon is possible, yes. There is a free appointment at 3pm."

"3pm, that's perfect for me!" Says Murielle.

"Very well. So, can I take your name, Madame?"

"Murielle Pinson."

"Murielle Pinson, got it! See you later then!"

"Thanks a lot, see you later!"

Murielle hangs up the phone, very happy with this warm welcome. The salon seems to be trendy and managed by a very kind young hairdresser. Murielle is looking forward to going there!

À l'autre bout du fil - On the other side of the phone

Trois heures / quinze heures - 3 pm

Branché - Fashionable/ trendy

Avoir hâte - To look forward

Comme nous sommes samedi après midi et que le salon n'est pas très loin, Murielle s'y rend **à pieds**. En plus, cela lui fait faire une petite promenade, elle qui dit souvent qu'elle devrait faire plus d'exercice !

Murielle prend son temps, mais elle est tout de même en avance. La jeune femme regarde sa montre et voit qu'elle a un bon quart d'heure à attendre. « Bon, ce n'est pas grave, se dit elle, je vais patienter un peu. Et comme ça je pourrai voir si la coiffeuse travaille aussi bien **qu'elle en a l'air**. »

La vitrine du salon Rapide Coiff' est très colorée et il y a des affiches de **mannequins** présentées de l'autre côté, à l'intérieur du salon. En regardant les affiches, Murielle se dit qu'elle n'a pas du tout réfléchit à quelle coiffure elle allait demander ! Comme elle a les cheveux longs, elle pense à une coupe courte, pour **changer de tête**. Mais quel genre de coupe ? Elle verra une fois à l'intérieur et pousse donc la porte pour entrer. Une petite cloche sonne pour annoncer l'arrivée d'un nouveau client.

As it's Saturday afternoon and the salon isn't very far away, Murielle walks there. Moreover, it forces her go for a walk, she often says that she should exercise more.

Murielle takes her time, but she is early anyway. The young woman looks at her watch and sees that she has a good fifteen minutes to wait. "Okay, it's not a big deal," she says to herself, "I'll wait a little. And this way I will be able to see if the hairdresser works as well as she seems to."

The window of the Quick Cuts Salon is very colorful and there are posters of models displayed on the other side, inside the hair salon. Looking at the posters, Murielle thinks to herself that she hasn't thought at all about which haircut she was going to ask for! As she has long hair, she is thinking about a short haircut, to change her look. But what kind of haircut? She'll see once she's inside and so, she pushes the door to go inside. A small bell rings to announce the arrival of a new client.

À pieds - By walking

Qu'elle en a l'air - That she seems to look

Mannequins - Models

Changer de tête - To change your look

Le salon n'est pas très grand, mais il est bien décoré et organisé. Beaucoup de grands miroirs sont sur les murs. Il y a deux coiffeurs qui travaillent ici, un homme et la jeune femme que Murielle a eu au téléphone un peu plus tôt. Le coiffeur est occupé avec un client blond qui a **les cheveux bouclés**, tandis que la coiffeuse s'occupe d'**une dame âgée** aux cheveux gris et blancs qui a demandé **une permanente**. La vieille dame est assise sous **un casque** pour que sa permanente prenne et elle lit un magazine. La coiffeuse s'excuse auprès de sa cliente pour aller accueillir Murielle.

« Bonjour, dit Murielle avec un sourire. J'ai rendez-vous à quinze heures.

- Murielle Pinson ! s'exclame la coiffeuse en regardant dans son **carnet de rendez-vous**. Je suis à vous dans quelques minutes. Vous pouvez vous asseoir là-bas en attendant. Il y a des magazines et des livres. Vous voulez boire quelque chose ? Nous avons du thé et du café.

- Non merci, c'est très gentil mais je n'ai pas soif, répond Murielle.

- Comme vous voudrez, dit la coiffeuse. »

The salon isn't very big, but it's well decorated and organized. There are many large mirrors on the walls. There are two hairdressers working here, a man and the young woman that Murielle talked to on the phone a little earlier. The male hairdresser is busy with a blond client who has curly hair, whilst the young woman takes care of an old lady with grey and white hair, who asked for a perm. The old lady is sitting under a hairdryer so that the perm sets, and she's reading a magazine. The hairdresser excuses herself from her client to go and welcome Murielle.

"Hello," Murielle says with a smile. "I have an appointment at 3pm."

"Murielle Pinson!" Exclaims the hairdresser while looking in her appointment book. "I will be with you in a few minutes. You can sit over there while you wait. There are magazines and books. Would you like something to drink? We have tea and coffee."

"No thanks, that's very kind but I'm not thirsty," responds Murielle.

"As you wish, says the hairdresser."

Les cheveux bouclés - Curly hair

Une dame agée - An old lady

Une permanente - A perm

Un casque - A hairdryer

Un carnet de rendez-vous - An appointment book

Murielle va s'asseoir sur l'un des fauteuils au fond du petit salon de coiffure. Elle regarde quelques instants les coiffeurs travailler. La permanente de la vieille dame est très réussie et la coiffeuse termine de la coiffer en lui faisant **une coupe courte en dégradé**. La cliente semble très contente quand la coiffeuse lui montre le résultat dans le miroir.

Quant au client blond, Murielle entend le coiffeur lui demander « Qu'est-ce que je vous fais aujourd'hui ? » Elle se dit que ce client doit être **un habitué**. Il répond « Bien dégagé dans **la nuque**, s'il vous plaît et avec une belle **raie**. » Murielle remarque aussi que la coiffeuse a **les cheveux colorés**, mais elle-même ne souhaite pas faire une coloration.

Comme elle n'a toujours pas d'idée de quelle coupe elle va demander, Murielle prend un magazine de mode qu'elle feuillette en regardant les coiffures des mannequins. **Une coupe courte et effilée** la tente bien. Elle va **demander conseil** à la coiffeuse.

Murielle goes to sit down on one of the chairs at the end of the little hair salon. She watches the hairdressers work for a little while. The old lady's perm has worked very well, and the hairdresser finishes by styling it with a short, layered look. The client seems very happy when the hairdresser shows her the result in the mirror. As for the blond client, Murielle hears the hairdresser ask him, "What am I doing for you today?" She thought to herself that this client must be a regular. He responds, "Clean up the back of the neck, please, and a nice parting." Murielle also notices that the female hairdresser has dyed hair, but she doesn't want to dye her own her. Since she still has no idea about what haircut she is going to ask for, Murielle takes a fashion magazine which she flips through, looking at the models' hairstyles. A short, tapered haircut is really tempting. She's going to ask the hairdresser for advice.

Une coupe courte en dégradé - Short layered look/haircut

Un habitué - A regular client

La nuque - The nape of the neck

Une raie - A hair part

Les cheveux colorés - Dyed hair

Une coupe courte effilée - A short tapered haircut

Demander conseil - To ask for advice

La cliente âgée est partie et la jeune coiffeuse peut donc s'occuper de Murielle. Celle-ci a posé son sac et son manteau sur le fauteuil. Avant de passer au bac pour le shampoing, Murielle montre le magazine à la coiffeuse.

« Vous pensez que ce genre de coupe m'irait ? demande-t-elle.

- C'est très court, ça va beaucoup vous changer. Et vous avez les cheveux un peu trop **épais** pour ce modèle qui convient mieux à des cheveux **fins**.

- Qu'est-ce que vous me conseilleriez alors ?

- **Un carré court avec un dégradé** irait très bien avec la forme de votre visage, annonce la coiffeuse.

- Je pensais aussi à une frange..., dit Murielle.

- Oui, une frange sur un carré court vous irait à merveille. On peut aussi opter pour **un balayage** ou des mèches si vous voulez mettre plus d'éclat.

- Quelle est la différence entre un balayage et **des mèches** ? demande Murielle.

- Le balayage fait plus naturel, explique la coiffeuse.

- Hum... non, ça ira. Je préfère garder ma couleur naturelle. Mais j'aime beaucoup l'idée du carré court avec une frange.

- Alors va pour ça ! » dit la coiffeuse en installant Murielle au bac pour le shampoing.

The elderly client has left, and the young hairdresser can now take care of Murielle. She put her bag and coat on the chair. Before going to the shampooing station, Murielle shows the magazine to the hairdresser.

"Do you think this sort of haircut would suit me?" She asks.

"It's very short, it will change how you look a lot. And your hair is a bit too thick for this style which suits finer hair."

"What would you suggest then?"

"A short bob with a layered look would really suit the shape of your face," the hairdresser replies.

"I was thinking about a fringe too..." says Murielle.

"Yes, a fringe with a short bob would suit you perfectly. You can also opt for highlights or streaks if you want to make it look more radiant."

"What's the difference between highlights and streaks?" Asks Murielle.

"The highlights look more natural," the hairdresser explains.

"Hmm... No, that's fine. I prefer to keep my natural color. But I really like the idea of a short bob with a fringe."

"So, let's do that!" The hairdresser says, sitting Murielle down at the shampooing station.

Épais - Thick

Fins - Thin

Un carré court avec un dégradé - A short blunt cut, layered look

Un balayage - Highlights

Des mèches - Streaks

« L'eau n'est pas trop chaude ? demande la coiffeuse.

- Non, ça va, c'est parfait », répond Murielle.

La jeune femme trouve que **le siège** par contre n'est pas très confortable. Et le bac lui fait un peu mal **au cou**, mais c'est seulement le temps du shampoing. D'ailleurs, Murielle pense que le shampoing que la coiffeuse utilise sent vraiment très bon !

« Qu'est-ce que c'est comme shampoing ? ose demander Murielle avec curiosité.

- C'est du shampoing **tous types de cheveux**, répond la coiffeuse en lui montrant le flacon. Par contre je vois que vous avez le cuir chevelu **sec**. Qu'est-ce que vous utilisez comme soin à la maison ?

- Je prends du **shampoing antipelliculaire** car j'ai parfois quelques pellicules.

- Et vous l'utilisez à chaque fois ?

- Oui, tous les deux jours.

- Vous devriez acheter un produit plus doux, qui agresse moins **le cuir chevelu** et l'utiliser en alternance une fois sur deux. Un shampoing spécial pour cheveux secs par exemple. Je pourrais vous proposer quelques produits avant de partir si vous voulez.

- Oui, merci.

- Et est-ce que je vous fais **un soin** ?

- Euh..., dit Murielle qui ne sait pas trop ce que c'est.

- C'est **un masque capillaire** qui va nourrir vos cheveux, explique la coiffeuse.

- Ah, d'accord. Oui, je veux bien alors. »

"The water isn't too hot, is it?" asks the hairdresser.

"No, it's okay, it's perfect," Murielle answers.

The young woman finds that the seat, on the other hand, is not very comfortable. And the sink is hurting her neck a little, but it's only for shampooing. Incidentally, Murielle thinks that the shampoo the hairdresser is using smells very nice!

"What shampoo is this?" Murielle dares to ask out of curiosity.

"It's shampoo for all types of hair," the hairdresser replies, showing her the bottle. "However, I see that you have a dry scalp. What product do you use at home?"

"I use anti-dandruff shampoo because I see dandruff sometimes."

"And do you use it every time?"

"Yes, every couple of days."

"You should buy a gentler product, that doesn't aggravate the scalp as much and use it alternately. A specialized shampoo for dry hair, for example. I could suggest a few products to you before you go if you would like?"

"Yes, please."

"And am I giving your hair a treatment?"

"Urm..." says Murielle, not really knowing what it is.

"It's a hair mask that will nourish your hair," the hairdresser explains.

"Oh, okay. I would really like that."

Le siège - The seat

Le cou - The neck

Tous types de cheveux - All kinds of hair

Shampoing antipelliculaire - Anti-dandruff shampoo

Le cuir chevelu - The scalp

Un soin - Haircare

Un masque capillaire - Deep-conditioning hair mask

Le soin capillaire sentait encore meilleur que le shampoing et Murielle était presque déçue que la coiffeuse rince ses cheveux. Avec **une serviette de toilette** sur les épaules, Murielle est installée sur un siège face à un haut miroir. La coiffeuse approche une petite tablette à roulettes sur laquelle il y a ses outils : brosses, peignes, ciseaux, pinces à cheveux, élastiques, etc...

La coiffeuse commence par **peigner** les longs cheveux de Murielle pour les **démêler**. Ensuite, elle sépare les différentes mèches avec des **pinces à cheveux**. Murielle se retrouve avec une coiffure très bizarre qui lui donne un air un peu ridicule. Puis la coiffeuse prend une paire de petits ciseaux fins et commence à couper dans la nuque. Murielle voit ses mèches tomber sur le sol et elle se demande un instant si elle a fait le bon choix. Mais elle a confiance en cette coiffeuse qui est très sympa et elle se détend en se laissant faire. A côté d'elle, le coiffeur a sorti **une tondeuse à cheveux** pour finir de dégager la nuque du client blond.

The hair treatment smelled even better than the shampoo and Murielle was almost disappointed when the hair dresser rinsed her hair. With a towel on her shoulders, Murielle was seated on a chair facing a tall mirror. The hairdresser brings a small wheeled shelf with her tools on: brushes, combs, scissors, bobby pins, hair ties, etc...

The hairdresser starts by combing Murielle's long hair to unknot it. Then, she seperates the different locks of hair with bobby pins. Murielle is left with a very strange hairstyle which makes her look a little ridiculous. Next, the hairdresser takes a pair of small, thin scissors and begins to cut from the back of the neck. Murielle sees her locks of hair fall to the floor and she wonders for a moment if she is making the right decision. But she trusts this hairdresser, who is very kind, and she relaxes, leaving her to carry on. Next to her, the male hairdresser took out a hair clipper to finish tidying up the back of the neck of the blond client.

Une serviette de toilette - A towel

Ciseaux - Scissors

Peigner - To comb

Démêler - To unravel

Pinces à cheveux - Hair clips

Une tondeuse à cheveux - A hair clipper

La tondeuse fait beaucoup de bruit, mais Murielle entend tout de même le coiffeur expliquer à l'homme qu'il a **une implantation** très en arrière, ce qui doit lui faire beaucoup d'**épis** le matin au réveil. Le client confirme que oui, il a souvent du mal à discipliner **sa tignasse**.

The clipper makes a lot of noise, but Murielle still hears the hairdresser explain to the man that he has a very high hairline, which must give him a lot of cowlicks when he wakes up in the mornings. The client confirms that indeed he often struggles to control his mop of hair.

Une implantation - Hairline

Un épi - A cowlick

Tignasse - A mop of hair

Murielle est fascinée par le travail du coiffeur sur le client blond et elle en oublie de regarder sa propre coiffeuse travailler. Un coup d'oeil dans le miroir face à elle lui montre que son carré court prend forme.

A côté, le coiffeur termine de **sécher** les cheveux de l'homme blond avec **un sèche-cheveux** et un peigne. Le coiffeur donne en même temps du volume aux boucles blondes.

« Je vous mets **un peu de gel pour finir ?**, demande le coiffeur à l'homme.

- Oui, mais je trouve que c'est **trop gonflé** là. Vous pouvez aplatir un peu ? »

C'est vrai qu'avec toutes ses boucles, l'homme ressemble un peu à un mouton. Le coiffeur reprend donc le peigne et, avec du gel, il **aplatit** un peu la coiffure avant de présenter le miroir à son client. Celui ci **s'observe sous toutes les coutures** et passe ses doigts dans ses cheveux comme pour vérifier que tout est bon.

« C'est parfait ! dit-il au coiffeur. Très bien, merci beaucoup ! »

Le coiffeur et le client sont tous les deux satisfaits et Murielle voit que le blond laisse **un pourboire** au coiffeur avant de partir.

Murielle is fascinated by the work of the hairdresser on the blond client and forgets to watch her own hairdresser work. A glance in the mirror in front of her shows her that her short bob is starting to take its shape.

Next to her, the hairdresser finishes by drying the blond man's hair with a hairdryer and a comb. The hairdresser adds volume to the blond curls at the same time.

"Do you want a little bit of gel to finish?" the hairdresser asks the man.

"Yes, but I think that it's too puffed up here. Can you flatten it a little?"

He's right that with his curls, the man looked a little bit like a sheep. The hairdresser picked up the comb again and, with the gel, he flattened the hair a little before showing his client in the mirror. He looks at himself from every angle and passes his fingers through his hair as if to check that everything is fine.

"It's perfect!" he said to the hairdresser. "Very good, thanks a lot!"

Both the client and the hairdresser are satisfied, and Muriel sees the blond man leave a tip for the hairdresser before leaving.

Sécher - To dry

Un sèche cheveux - A hair dryer

Un peu de gel pour finir ? - A bit of gel to finish the hairstyle

Trop gonflé - Too puffed up

Aplatir - To flatten

S'observer sous toutes les coutures - Look at yourself from every angle

Un pourboire - A tip

Comme elle est maintenant la seule cliente dans le salon de coiffure, Murielle a tout le temps d'observer la progression de sa coupe. La coiffeuse a terminé de couper dans **le dos** et elle a commencé les mèches du dessus. Sur le devant, par contre, rien n'est encore fait.

« **La longueur** vous convient ? demande la coiffeuse à Murielle.

- Oui, c'est très bien comme ça. Ce n'est pas trop court mais ça change quand même !

- Oui, je ne vous ai pas coupé trop court, en sachant aussi que quand ils seront secs et **coiffés**, vos cheveux vont remonter un peu.

- D'accord, c'est donc parfait à cette longueur, dit Murielle.

- Sur le devant, est-ce que je vous fais un dégradé **asymétrique** ? »

Murielle hésite. Elle a déjà vu ce genre de coupe et elle n'en ait pas très fan.

« Non, je préfère rester dans du traditionnel ! », rigole la jeune femme.

As she is now the only client in the salon, Murielle has all the time to observe her haircut progress. The hairdresser finished cutting the back and started on the hair on top. On the other hand, nothing had been done to the front yet.

"Is the length okay?" the hairdresser asks Murielle.

"Yes, it's very good like that. It's not too short but it's still different!"

"Yes, I haven't cut it too short, knowing that when it's dry and styled, your hair will shorten a little."

"Okay, this length is perfect then," says Murielle.

"On the front, am I giving you an asymmetric look?"

Murielle hesitates. She had already seen this style of haircut and she wasn't a big fan of it.

"No, I prefer to keep it traditional!" the young woman laughs.

Le dos - The back

La longueur - The length

Coiffer - To comb / to style

Asymétrique - Asymmetrical

Sa nouvelle coupe est presque terminée. La coiffeuse utilise **un rasoir** pour dégrader les mèches qui encadrent le visage puis elle reprend les petits ciseaux pour couper une belle frange bien **droite**.

« Alors ? demande la coiffeuse une fois la coupe finie. Ça vous va comme ça ? »

Murielle se regarde dans le miroir, tourne un peu la tête pour voir sur les côtés et hoche la tête pour confirmer.

« Oui, ça me semble très bien.

- Parfait ! Je vous fais un brushing en les séchant ?

- Hum... oui, pourquoi pas, répond Murielle.

Je peux vous faire **un brushing avec un léger mouvement sur les pointes**, ça sera plus sympa qu'u**n brushing raide**.

D'accord, allons y pour ça ! »

Her new haircut is almost done. The hairdresser uses a razor to layer the hair which frames her face, then she picks up the scissors to cut a beautiful and very straight fringe.

"So?" the hairdresser asks once the haircut is done. "Is this okay for you?"

Murielle looks at herself in the mirror, turning her head a little to see the sides and she nods her head to confirm.

"Yes, it looks very good to me."

"Perfect, shall I blow dry it?"

"Hmm... yes, why not," Murielle replies.

"I can blow dry it slightly turned up at the ends, that will look nicer than straightening it."

"Okay, let's do that!"

Un rasoir - A razor

Droite - Straight

Un brushing avec un léger mouvement sur les pointes - Slightly turned up at the ends

Un brushing raide - Straightened

Murielle ne voit pas bien la différence et elle n'arrive pas à s'imaginer le résultat, mais sa coiffeuse a été très compétente jusqu'ici et la jeune femme continue de lui faire toute confiance. Elle a bien raison d'ailleurs : une fois le sèche-cheveux posé, la coiffure est impeccable. Un miroir est présenté à Murielle pour qu'elle puisse voir **les côtés** et dans le dos.

« C'est vraiment parfait!, dit Murielle. Merci beaucoup !

- Ca vous change, dit la coiffeuse au moment de payer, mais cela vous va très bien. »

Murielle est en effet **ravie**. Elle demande combien elle doit pour la coupe. Avant de payer, la coiffeuse lui propose une gamme de soins capillaires dont un masque pour cheveux secs et **un traitement antipelliculaire**. Murielle regarde les produits et décide de prendre seulement le masque. La coiffeuse met le produit dans un sac et ajoute **la carte de visite** du salon tandis que Murielle règle en liquide et laisse un pourboire comme le client blond avant elle. « En même temps, se dit la jeune femme en sortant du salon de coiffure, ce pourboire est bien **mérité** ! »

Murielle doesn't really see the difference and can't imagine the results, but her hairdresser has been very competent up until now and the young woman continues to trust her completely. She is right to do so: once the hair dryer is put down, the haircut looks impeccable. A mirror is presented to Murielle so that she can see the sides and the back.

"It's truly perfect!" says Murielle. "Thanks a lot!"

"It changes how you look," the hairdresser says to her as she goes to pay, "but it really suits you."

Murielle is, indeed, delighted. She asks how much she owes for the haircut. Before paying, the hairdresser offers her a range of hair masks, including a mask for dry hair and an anti-dandruff treatment. Murielle looks at the products and decides to take only the mask. The hairdresser puts the product in a bag and adds the salon's business card whilst Murielle pays in cash and leaves a tip, like the blond client before her. "With that," the young woman thinks to herself when leaving the hair salon, "this tip is well deserved!"

Les côtés - The sides

Ravie - Delighted

Un traitement antipelliculaire - An anti-dandruff treatment

La carte de visite - The bussiness card

Mérité - Deserved

Vocabulary Recap

Les cheveux - The hair

Un après-shampoing - Hair conditioner

Se coiffer - To do one's hair

Lisses - Smooth hair

Châtains - Browned hair

Couper - To cut

Une queue de cheval - A pony tail

Un look naturel - A natural look

Indisciplinés - "Bed head" look

Une frange - Bangs / fringe

Courte - Short

À la mode - Fashionable/trendy)

Abîmés - Damaged

Les pointes - Hair ends

Fourchues - Split

Chez le coiffeur - At the hair dresser

Attendre - To wait

Le salon de coiffure - The hair salon

Uniquement - Only

Haut de gamme - Top level / high range

Une coupe de cheveux - A haircut

L'annuaire - The yearbook

Les horaires d'ouverture - The opening hours

Les tarifs - The rates / price list

Un rendez-vous - An appointment

À l'autre bout du fil - On the other side of the phone

Trois heures / quinze heures - 3 pm

Branché - Fashionable / trendy

Avoir hâte - To look forward

À pieds - By walking

Qu'elle en a l'air - That she seems to look

Mannequins - Models

Changer de tête - To change your look

Les cheveux bouclés - Curly hair

Une dame agée - An old lady

Une permanente - A perm

Un casque - A hairdryer

Un carnet de rendez-vous - An appointment book

Une coupe courte en dégradé - Short, layered look/haircut

Un habitué - A regular client

La nuque - The nape of the neck

Une raie - A hair part

Les cheveux colorés - Dyed hair

Une coupe courte effilée - A short tapered haircut

Demander conseil - To ask for advice

Épais - Thick

Fins - Thin

Un carré court avec un dégradé - A short blunt cut, layered look

Un balayage - Hair weaving / foiling

Des mèches - Highlights / streaks

Le siège - The seat

Le cou - The neck

Tous types de cheveux - All kinds of hair

Shampoing antipelliculaire - Anti-dandruff shampoo

Le cuir chevelu - The scalp

Un soin - Haircare

Un masque capillaire - Deep-conditioning hair mask

Une serviette de toilette - A towel

Ciseaux - Scissors

Peigner - To comb

Démêler - To unravel

Pinces à cheveux - Hair clips

Une tondeuse à cheveux - A hair clipper

Une implantation - A hairline

Un épi - A cowlick

Tignasse - A mop of hair

Sécher - To dry

Un sèche cheveux - A hair dryer

Un peu de gel pour finir ? - A bit of gel to finish the hairstyle

Trop gonflé - Too puffed up

Aplatir - To flatten

S'observer sous toutes les coutures - Look at yourself from every angle

Un pourboire - A tip

Le dos - The back

La longueur - The length

Coiffer - To comb / to style

Asymétrique - Asymmetrical

Un rasoir - A razor

Droite - Straight

Un brushing avec un léger mouvement sur les pointes - Slightly turned up at the ends

Un brushing raide - Straightened

Les côtés - The sides

Ravie - Delighted

Un traitement antipelliculaire - An anti-dandruff treatment

La carte de visite - The bussiness card

Mérité - Deserved

Practice your writing

Write a short summary of this story. Do not paraphrase please.

Du haut de ses trente ans, Murielle se plaît toujours à prendre soin de son apparence. Chaque matin, elle passe beaucoup de temps pour se préparer. Aujourd'hui, cela fait un an qu'elle ne s'est pas coupée les cheveux qui lui arrivent désormais au milieu du dos. En se regardant dans le miroir, elle se dit qu'elle essayerait bien une nouvelle coupe dans le but de changer de look. Habituellement, elle porte une queue-de-cheval, certes plus pour le côté pratique que pour suivre la tendance. Mais cette fois-ci, elle s'imagine avec une frange et qui plus est, une coupe courte ! Sa décision prise, elle se met à la recherche d'un salon de coiffure. Après quelques clics sur internet, elle finit par en trouver un proche de chez elle et prend donc rendez-vous. Elle profite des quelques minutes d'attente pour constater les compétences des coiffeurs. Voyant le travail que l'un d'eux effectue sur un client, elle ne se fait aucun doute, ils sont largement qualifiés et c'est avec toute confiance qu'elle se laisse couper les cheveux par une jeune coiffeuse. De plus, celle-ci est de très bon conseil ! Ainsi, quelque temps plus tard, après quelques coups de ciseaux, de rasoirs, de brosses et de peignes, le tout suivit d'un soin capillaire, Murielle ressort totalement ravie de son changement de look !

HISTOIRE 4: QUELQUES ACHATS AVANT UNE BONNE SOIRÉE. STORY 4: SOME SHOPPING BEFORE A GOOD EVENINGE.

Marc Durand est un **jardinier-paysagiste** professionnel. Il a commencé en tant que simple jardinier il y a quinze ans dans **une boîte** de sa région avant de décider de se mettre à son compte il y a quatre ans. Marc a donc créé sa propre entreprise et elle fonctionne plutôt bien. Son carnet d'adresses est bien rempli, tout comme son **carnet de commandes** ! L'entreprise Durand marche tellement bien d'ailleurs, que Marc a récemment engagé un nouvel employé et acheté un nouveau véhicule de travail.

La nature et le jardinage sont les passions de Marc **depuis qu'il est tout gosse**. Il se souvient encore, et comme si c'était hier, des nombreuses fois où il aidait son père à **tailler les rosiers** ou à **tondre la pelouse**. Ce qu'il fait toujours maintenant, sauf qu'il ne tond plus la pelouse de son père, mais celles des personnes de sa ville. Et il ne reçoit plus une petite pièce en récompense, mais de quoi payer **le loyer** de son appartement.

Marc Durand is a professional landscape gardener. He started as a simple gardener 15 years ago in a local business before deciding to start his own business four years ago. Marc had, therefore, started his own business and it is running rather well. His address book is full, just like his sales backlog! The Durand business is working so well incidentally, that Marc has recently hired a new employee and bought a new company vehicle. Nature and gardening have been Marc's passions since he was a kid. He still remembers, as if it were yesterday, the numerous times he helped his father tend to the roses or mow the lawn. This is what he still does now, except he no longer mows his father's lawn, but the lawns of people in his town. And he doesn't just receive a little bit of money as a reward now, but enough to pay rent on his apartment.

Un jardinier-paysagiste - A landscape gardener

Une boîte - A business

Un carnet de commandes - A backlog

Depuis qu'il est tout gosse - Since he was a kid

Tailler les rosiers - To cut the roses

Tondre la pelouse - To mow the lawn

Le loyer - The rent

Dans son véhicule, qui est une petite **camionnette**, Marc range tous ses outils. Il y a sa **tondeuse** électrique, qui est très puissante, et il y en a aussi une manuelle au cas où la première tomberait en panne. Heureusement, Marc n'utilise presque jamais la tondeuse manuelle qui est bien plus fatigante. Les **râteaux, pelles** et **bêches** sont rangés au fond de la camionnette avec **une fourche** et **une hache**, près d'une caisse où se trouvent les plus petits outils. Il y a dans la caisse **les sécateurs**, une paire de **cisaille**, une **binette**, une **tailleuse de haie** et les indispensables **gants** de jardinage. Marc les avait oubliés une fois : le soir il s'était retrouvé avec plein de griffures d'épines sur les mains ! Marc garde également deux **arrosoirs**, un grand et un petit, et un long **tuyau d'arrosage** avec le reste de ses outils. C'est que ses clients n'ont parfois pas ce matériel de base même s'ils ont un jardin et Marc serait alors bien embêté sans tuyau ni arrosoir. Enfin, le jardinier a **une brouette** et des sacs de terre en stock dans sa camionnette.

In his vehicle, which is a little van, Marc puts away all his tools. There is his electric lawnmower, which is very powerful, and also a push mower in case the first one breaks down. Luckily, Marc almost never uses the push mower, which is much more tiring. The rakes, shovels and spades are put away at the back of the van with a fork and an axe, near a box where the smaller tools are found. In the box there are hedge shears, a pair of pruners, a garden hoe, a hedge trimmer, and an essential pair of gardening gloves. Marc had forgotten them once: in the evening his hands ended up covered in scratches from thorns! Marc also keeps two watering cans, one large and one small, and a long hose with the rest of his tools. This is because sometimes his clients don't have the same basic equipment, even if they have a garden and so Marc would be really frustrated without a hose or a watering can. Lastly, the gardener has a wheelbarrow and a stockpile of sacks of earth in his van.

Une camionnette - A van

Une tondeuse - A mower

Un râteau - A rake

Une pelle - A shovel

Une bêche - A spade

Une fourche - A fork

Une hache - An axe

Un sécateur - Hedge shears

Une cisaille - A pruning shear

Une binette - A garden hoe

Une tailleuse de haie - A hedgecutter

Des gants - Gloves

Un arrosoir - A watering can

Un tuyau d'arrosage - A hose

Une brouette - A wheelbarrow

Malgré tous ces outils, il reste de la place dans le véhicule. Et heureusement car Marc n'est pas seulement jardinier, mais il est aussi paysagiste. Il ne tond pas simplement les pelouses ou coupe les haies, il plante aussi des fleurs et des **arbres**. Il y a deux mois, Marc a aménagé tout **un jardin de rocaille** à l'arrière d'une maison avec l'installation d'**un banc**, des fleurs pour embellir **les allées**, la plantation d'**un cerisier** du Japon et même l'aménagement d'une fontaine. Le travail était long, mais le client était vraiment très satisfait de son nouveau jardin, tout à fait conforme au plan qu'il avait vu avec Marc.

Marc a donc besoin de place dans sa camionnette pour les fois où il doit transporter des **arbustes**, des **jeunes plants d'arbres** en pots et des barquettes entières de fleurs à planter. Quand ce n'est pas tout un mobilier de jardin qu'il se propose de livrer ! Ça avait été difficile de faire rentrer dans la camionnette la table, les chaises, le banc et **la balancelle** de Madame Moreau, mais la vieille femme lui avait remboursé les frais de l'essence en échange de ce service exceptionnel. Et elle était tellement ravie de voir son nouveau **mobilier de jardin** au milieu de ses **bégonias** que Marc n'avait rien dit.

Despite all these tools, there is still space in the vehicle. Fortunately so, because Marc is not only a gardener, but also a landscaper. He doesn't simply mow lawns or cut hedges, he also plants flowers and trees. Two months ago, Marc had set up a whole rock garden behind a house by putting in a bench, and flowers to beautify the paths, planting a Japanese cherry blossom tree, and he even installed a fountain. It was a long job, but the client was very satisfied with her new garden, which conformed exactly to the plan that she had drawn up with Marc. Therefore, Marc needs space in his van for the times where he has to transport shrubs, potted saplings, and whole baskets of flowers to plant. That's when he hasn't offered to deliver a whole garden's furniture! It had been difficult to put Mrs. Moreau's table, chairs, bench and the garden swing in the van, but the elderly lady had reimbursed him for the cost of gas in exchange for his exceptional service. And she was so delighted to see her new garden furniture in the middle of her begonias that Marc said nothing about it.

Un arbre - A tree

Un jardin de rocaille - A rock garden

Un banc - A bench

Une allée - A driveway

Un cerisier - A cherry tree

Un arbuste - A shrub

Un jeune plant d'arbre - A sapling

Une balancelle - A swing

Le mobilier de jardin - The garden furniture

Les bégonias - Begonias

D'ailleurs, dans le cadre de son travail, Marc connaît un bon **pépiniériste** dans sa région. Le jardinier a également ses entrées dans tous les magasins de jardinage du coin, avec les cartes de fidélités qui lui offrent des réductions et des prix avantageux sur ses achats, notamment sur les lots de **graines à planter**, mais c'est le pépiniériste que Marc préfère. C'est devenu un de ses bons amis d'ailleurs au fil du temps. Un homme charmant avec toujours de très bons **conseils**. Marc n'hésite jamais à lui demander quel arbre serait le mieux pour tel ou tel jardin ; s'il est préférable de mettre **un abricotier** ou **un poirier** près d'**un jardin potager** par exemple. Ou encore si **les figuiers** s'adaptent bien à un endroit plus à **l'ombre**. En plus, Marc aime se promener dans les grandes serres du pépiniériste. Il y a plein de belles fleurs et c'est un délice pour le nez de se balader au milieu de toutes ses senteurs. Heureusement que Marc n'est pas allergique au pollen!

Incidentally, as part of his work, Marc knows a good nursery owner in his area. The gardener also has privileged access to all the local gardening stores, with loyalty cards which give him discounts and good prices for his purchases, especially for packets of seeds to plant, but Marc prefers the nursery owner. Over the course of time, he has become one of his good friends. Marc never hesitates to ask which tree would be best for this or that garden; if it's better to put an apricot tree or a pear tree near a vegetable patch, for example. Or even if fig trees adapt well to a shadier area. Moreover, Marc likes walking in the nursery owner's large greenhouses. They are full of flowers and it's a delight for the nose to stroll amongst all their scents. Luckily, Marc isn't allergic to pollen!

Un pépiniériste - A nurseryman

Des graines à planter - Seeds to plant

Un conseil - Advice

Un abricotier - An apricot tree

Un poirier - A pear tree

Un jardin potager - A vegetable garden

Un figuier - A fig tree

L'ombre - The shadow

Ce soir, Marc est invité à dîner chez Elise Hansel avec qui il sort depuis quelques semaines. Elise était une cliente de Marc : elle lui avait commandé **un prunier** et des plants de **lavande** pour mettre sous ses fenêtres. Marc devait aussi enlever les pieds de **chrysanthèmes** pour les remplacer par des rosiers. Il avait trouvé cette jeune femme très sympathique, lui avait offert des **géraniums** pour son balcon et les deux avaient sympathisé avant de décider de se revoir.

Comme ce soir est la première fois que Marc se rend chez Elise en tant qu'invité et non comme jardinier, il veut faire bonne impression et lui apporter un cadeau. Il a tout naturellement pensé à des fleurs. Marc sait que les fleurs préférées de la jeune femme sont **le jasmin** et les orchidées. Mais il ne se voit pas arriver avec un pot de jasmin dans les mains. Il se rend donc chez son pépiniériste pour trouver une belle **orchidée**, mais ces fleurs sont fragiles et le pépiniériste n'en a pas. Il conseille à Marc de se rendre chez un fleuriste pour en trouver.

This evening, Marc is invited to dinner at Elise Hansel's house, who he has been going out with for a few weeks. Elise was a client of Marc's: she had ordered a plum tree and lavender plants from him to put under her windows. Marc also had to dig up the roots of the chrysanthemums to replace them with roses. He found this young woman to be very kind, he offered her geraniums for her balcony and the two had got on well before deciding to see each other again.

As this evening is the first time Marc is going to Elise's house as a guest and not a gardener, he wants to make a good impression and bring her a gift. Naturally he thought about some flowers. Marc knows that the young woman's favorite flowers are jasmine and orchids. But he can't be seen arriving with a pot of jasmine in his hands. Therefore, he goes to the nursery owner's greenhouses to find a beautiful orchid, but these flowers are fragile, and the nursery owner doesn't have any. He advises Marc to go to a florist to find one.

Un prunier - A plum tree

La lavande - Lavender

Chrysanthèmes - Chrysanthemums

Géraniums - Geraniums

Le jasmin - Jasmine

Une orchidée - An orchid

Marc va donc en centre ville chez **un fleuriste** avec l'idée d'acheter une orchidée pour Elise. Mais à peine est-il entré dans la boutique que l'homme a **un coup de cœur** pour les magnifiques bouquets. Il se dit qu'un bouquet de fleurs fera une plus grande impression sur la jeune femme qu'un petit pot d'orchidée et il commande donc un bouquet **sur mesure**.

« Quelles fleurs voulez-vous dans votre bouquet, monsieur ?, demande la fleuriste de la boutique.

- Je ne sais pas trop...., répond Marc qui est plus à l'aise pour créer un jardin qu'un bouquet. C'est pour une femme.

- Les roses sont incontournables, dit la fleuriste. Autrement je peux vous proposer **des lys**.

- Oui, j'aime beaucoup les deux, mais je voudrais quelque chose... de différent, dit Marc. Une belle composition !

- Dans ce cas, pourquoi pas des **tulipes** ? Des rouges, entourées de **bruyère** et avec quelques **jonquilles**. »

Therefore, Marc goes to a florist in the town center with the idea of buying an orchid for Elise. But he has barely entered the boutique when he falls in love with the magnificent bouquets of flowers. He thinks to himself that a bouquet of flowers will make a greater impression on the young woman than a little orchid pot and so he orders a custom bouquet.

"What flowers do you want in your bouquet, Sir?" the florist at the boutique asks.

"I don't really know..." replies Marc, who is more comfortable creating a garden than bouquet. "It's for a woman."

"Roses are essential," says the florist. "Otherwise, I can offer you some lilies."

"Yes, I like both, but I would like something... different," says Marc. "A beautiful arrangement!"

"In that case, why not tulips? Some red, surrounded by heather and with a few daffodils."

Un fleuriste - A florist

Un coup de cœur - A crush

Sur mesure - On demand / on measure

Un lys - A lily

Une tulipe - A tulip

De la bruyère - Heather

Une jonquille - A daffodil

Pendant qu'elle parle, la fleuriste commence à arranger un bouquet sous les yeux de Marc. Elle ajoute également des **oeillets** et plusieurs **bleuets** sur les bords. Marc la regarde faire avec un air satisfait : le bouquet promet d'être superbe ! Pour finir, la fleuriste met deux brins de **muguet**, car c'est la saison, avant de proposer cette composition à son client.

« C'est parfait ! dit Marc. Vraiment très joli. Combien je vous dois ?

- **Vingt-sept euros**, s'il vous plaît. J'espère que votre amie sera contente », dit la fleuriste en ajoutant un joli papier autour du bouquet.

Marc la remercie grandement. Ce ne sont ni du jasmin, ni des orchidées, mais avec ces fleurs, il est sûr qu'Elise sera **ravie** !

Whilst she's speaking, the florist starts to arrange a bouquet in front of Marc. She also adds some carnations, and several cornflowers to the edges. Marc watches her make it feeling satisfied: the bouquet promises to be superb! To finish, the florist adds two sprigs of lily of the valley, because it's in season, before suggesting this arrangement to her client.

"It's perfect!" says Marc. "Truly, it's very pretty. How much do I owe you?"

"Twenty-seven euros, please. I hope your friend will be happy." Says the florist wrapping it in pretty paper.

Marc thanks her greatly. It's neither jasmine, nor orchids, but with these flowers, he's certain that Elise will be delighted!

Un oeillet - A carnation

Un bleuet - A cornflower

Du muguet - Lily-of-the-valley

Vingt-sept euros - 27 €

Être ravi - To be delighted

Elise Hansel a beaucoup de choses à préparer pour le dîner de ce soir. Elle a déjà fait le ménage chez elle et a mis la table, mais il lui reste le plus gros à préparer : **le repas**. Elise ne connait pas bien les goûts de Marc. Leur première sortie était au cinéma et à part savoir que l'homme aime les pop-corns, la jeune femme n'a pas d'autres informations. Toutefois, elle pense faire un repas simple et convivial, « **à la bonne franquette** » comme disait sa grand-mère. Elise a regardé quelques recettes de cuisine et elle a déjà écarté **le poisson**. Ce sera donc de la viande ce soir au menu. **Le gigot** et la **langue de bœuf** ne l'ont pas inspirée, tout comme

le lapin, et faire cuire du **poulet** au four lui paraît un peu trop simple pour un tel rendez vous. La jeune femme choisit donc de cuisiner un rôti de **veau** en suivant une recette familiale. Pour cela, Elise a besoin d'aller faire quelques courses.

Elise Hansel has lots of things to prepare for the dinner this evening. She has already done the housework and set the table, but the biggest thing to prepare remains: the meal. Elise doesn't know Marc's tastes well. Their first date was at the cinema and apart from knowing that the man likes popcorn, the young woman has no other information. Nevertheless, she is thinking of making a simple, pleasant meal, "nothing formal," as her grandmother used to say. Elise looked at a few recipes and she has already ruled out fish. So, it will be meat on the menu tonight. Leg of lamb and beef tongue haven't inspired her, nor rabbit, and cooking a roast chicken seems to her a little too simple for such a date. The young woman chooses to cook roast veal, following a family recipe. For this, Elise needs to do some shopping.

Le repas - The meal

À la bonne franquette - Nothing formal

Le poisson - The fish

La viande - The meat

Le gigot - The joint

La langue de bœuf - The cow's tongue

Le lapin - The rabbit

Le poulet - The chicken

Le veau - The veal

Pour **les légumes frais**, la jeune femme s'est rendue sur le marché tout près de chez elle. Le marché n'est pas présent tous les jours, seulement les mardis et vendredis matin. Elise a donc eu de la chance car c'était pile le bon jour ! Pour la viande, par contre, la jeune femme doit aller ailleurs. Il y a un petit centre commercial à quelques minutes en voiture où Elise à l'habitude de **faire ses courses**. Elle devrait pouvoir trouver du veau **au supermarché**. Et justement, il y en a au rayon **libre service**, entre le poulet et **les saucisses**. Elise regarde les différents morceaux emballés, mais la viande ne lui semble pas très belle. En regardant **les dates de péremption**, la jeune femme voit que ces morceaux commencent à dater. Ils sont encore bons, mais elle préfère acheter de la viande plus fraîche. Heureusement, le supermarché a un rayon boucherie.

For the vegetables, the young woman went to the market nearby her house. The market is not there every day, only Tuesday and Saturday mornings. Elise was so lucky because it was exactly the right day! For the meat, on the other hand, the young woman must go elsewhere. There is a little shopping mall a few minutes drive away where Elise normally does her shopping. She should be able to find some veal at the supermarket. And as it happens, there is a self-service section, between the chicken and the sausages. Elise looks at the different packaged cuts of meat, but they don't look very good to her. Looking at the expiry dates, the young woman sees that the cuts of meat are starting to age. They are still good, but she prefers to buy fresher meat. Luckily, the supermarket has a butcher's department.

Les légumes frais - The fresh vegetables

Faire ses courses - To go shopping

Au supermarché - At the supermarket

Le rayon libre service - The self (service) department

Les saucisses - The sausages

Les dates de péremption - The expiration dates

Au **rayon boucherie**, il y a la queue et il faut prendre un ticket. Elise obtient le numéro soixante-trois. Devant elle, il y a au moins six personnes qui attendent. Il n'y a qu'un seul **boucher**, mais la file à l'air d'avancer rapidement. La jeune femme décide donc d'attendre son tour.

C'est maintenant une dame âgée que le boucher est en train de servir. La dame parle fort et elle discute beaucoup tout en prenant son temps pour choisir. Elise la voit passer et repasser devant **la vitrine** sans se décider. La vieille dame lui rappelle un peu sa grand-mère qui adorait manger **du foie**. Mais cette dame demande finalement **du jambon**.

« **Des tranches fines** ! », précise la vieille dame.

Le boucher sort un grand **couteau** et commence à découper la viande.

« Comme ça, madame ?, demande t-il à sa cliente âgée.

- Non, plus fine. Et sans gras. C'est bien **du jambon fumé** ? », demande la vieille dame.

Même avec ses lunettes, elle ne semble pas voir grand chose.

Le boucher lui confirme que ce n'est pas **du jambon cru** et il pèse les trois tranches dans **la balance**. La vieille dame est satisfaite mais elle demande à avoir en plus de **la viande de bœuf hachée**. Elise, qui a encore beaucoup de choses à faire avant ce soir, en a marre d'attendre et elle quitte la file en donnant son numéro à la personne derrière elle.

At the butcher's department, there is a queue and you have to take a ticket. Elise got number sixty-three. In front of her, there are at least six people waiting. There is only one butcher, but the queue seems to move quickly. So, the young woman decides to wait her turn.

The butcher is now in the middle of serving an elderly lady. The lady talks loudly, and she talks a lot whilst taking her time to choose. Elise sees her walk up and down in front of the counter without deciding on anything. The old lady reminds her of her grandmother who loved eating liver. But the lady finally asks for ham.

"Thin slices!" the old lady makes clear.

The butcher takes out a large knife and starts slicing the ham.

"Like this, Madame?" he asks his elderly customer.

"No, thinner. And without fat. This is smoked ham, right?" asks the elderly lady. Even with her glasses, she doesn't seem to see very much.

The butcher confirms that it isn't cured ham and he weighs the three slices on the scales. The elderly lady is satisfied, but she asks to have some minced beef as well. Elise, who still has things to do before this evening, is fed up of waiting and she leaves the queue, giving her number to the person behind her.

Le rayon boucherie - The butcher department

Le boucher - The butcher

La vitrine - The showcase

Du foie - Liver

Du jambon - Ham

Des tranches fines - Thin slices

Un couteau - A knife

Du jambon fumé - Smoked ham

Du jambon cru - Raw ham

La balance - The scale

La viande hachée - The minced / ground meat

Dans le centre commercial, en plus du supermarché, il y a quelques boutiques de vêtements et d'accessoires, **une boulangerie** qui fait aussi **pâtisserie**, un fleuriste et une boucherie. Elise n'est encore jamais allée chez ce boucher, mais elle en a déjà entendu beaucoup de bien. Seulement, la viande est **moins chère** au supermarché, donc la jeune femme a l'habitude de l'acheter là. Mais vu l'attente et comme ce soir est un dîner exceptionnel, Elise entre dans la boucherie.

Il y a deux personnes avant elle, mais la première est en train de payer ses achats et le boucher demande déjà à l'homme restant ce qu'il souhaite. Ça devrait donc aller vite. Le client juste avant veut des **tranches de bacon** et du **filet de bœuf**. Il demande aussi si le boucher n'a pas quelques **abats** en plus, pour donner à son chien.

Pendant que l'homme devant elle est servit, Elise regarde la viande dans la vitrine. Les **tranches de lard** semblent appétissantes. Et entre le bœuf et le gigot, **les côtelettes** ont l'air particulièrement délicieuses ! La viande paraît très bonne et elle a meilleure allure qu'au rayon libre service du supermarché. Par contre, **le cœur de bœuf** la dégoûte un peu. Elise n'aime pas beaucoup **la viande rouge** bien **saignante**. La jeune femme voit aussi de **la volaille** un peu plus loin, près du pâté en croûte. Elle remarque des **cuisses** de poulet, du **canard** déjà préparé et de **la dinde**. Il y a aussi des petites **cailles** avec leur **peau** et **un faisan** presque entier.

In the shopping mall, in addition to the supermarket, there are several clothing and accessories stores, a bakery, which is also a pastry shop, a florist, and a butcher. Elise has never been to this butcher, but she has heard good things about it. Only, the meat is cheaper in the supermarket, so the young woman usually buys it there. But considering the queue and that tonight is a special dinner, Elise goes into the butchers. There are two people in front of her, but the first is in the middle of paying for their purchases and the butcher is already asking the man waiting what he would like. This should be quick. The customer just in front wants rashers of bacon and a fillet of beef. He also asks if the butcher has some extra offal to give to his dog.

Whilst the man in front of her is being served, Elise looks at the meat in the showcase. The rashers look appetizing. And between the beef and the leg of lamb, the chops look particularly delicious! The meat appears to be very good quality and looks better than at the self-service section at the supermarket. On the other hand, the beef heart disgusts her a little. Elise doesn't much like very bloody, red meat. The young woman also sees poultry a little further on, near the pâté en croûte. She notices chicken thighs and pre-cooked duck and turkey. There are also small quails with their skin-on and almost an entire pheasant.

Une boulangerie - A bakery

Une pâtisserie - A pastry shop

Moins cher - Less expensive

Une tranche de bacon - A slice of bacon

Un filet de bœuf - A cut of beef

Des abats - Offals

Une tranche de lard - A rasher

Le cœur de bœuf - Beef heart

La viande rouge - The red meat

Saignante - Bloody

La volaille - Poultry

Une cuisse - A thigh /leg / dark meat

Un canard - A duck

La dinde - The turkey

Une caille - A quail

La peau - The skin

Un faisan - A pheasant

« Il faut le faire fumer et avec un bon **vin rouge**, c'est succulent ! », lui dit le boucher alors que c'est à son tour d'être servie.

Elise n'a même pas vu que le client avant elle venait de partir.

« Alors, **qu'est-ce que je vous sers ?**, demande le boucher.

- Je voudrais du veau, s'il vous plaît, dit Elise.

- Oui, **combien ?**

- Hum... c'est pour deux personnes. Un petit rôti ce serait bien, dit Elise.

- Petit comme ça ?, demande le boucher en montrant un gros **morceau** dans la vitrine.

- **Vous n'avez pas plus petit ?**, demande Elise.

- Non, mais je peux vous le couper, dit le boucher.

- Oui, d'accord alors. »

« You need to smoke it with a nice red wine, it's succulent!" the butcher says to her when it's her turn to be served.

Elise hadn't even seen that the customer before her had just left.

"So, what can I do for you?" asks the butcher

"I would like some veal, please." Says Elise

"Yes, how much?"

"Hmm... It's for two people, a small joint would be fine." Says Elise.

"This small?" asks the butcher showing her a large piece in the showcase.

"Don't you have anything smaller?" Elise asks.

"No, but I can cut it for you," says the butcher.

"Yes, okay then."

Le vin rouge - Red wine

Qu'est-ce que je vous sert ? - What can i serve you?

Combien? - How much / how many?

Le morceau - The piece

Vous n'avez pas plus petit ? - Don't you have something smaller?

Le boucher s'occupe de découper et **peser** le morceau de veau pour Elise. Il lui montre la viande et la jeune femme confirme que la taille lui convient. Le boucher emballe alors le morceau de veau.

« Je vois que vous faîtes une promotion sur le steak, dit Elise.

- Oui, profitez-en, c'est un beau morceau là en plus », dit le boucher.

Elise se dit qu'elle n'a rien prévu comme repas pour le week-end qui approche. Si il lui restera sans doute des légumes et qu'elle est sûre d'avoir quelques provisions chez elle, la jeune femme aimerait bien prendre de la viande.

« Mettez moi **un rumsteck** alors. Pas trop gros s'il vous plait.

- **Pour deux** aussi ?, demande le boucher.

- Non, plus petit. Merci. »

De nouveau, le boucher pèse et montre la viande à sa cliente qui lui confirme que la taille lui convient.

The butcher takes care of cutting and weighing the piece of veal for Elise. He shows her the meat and the young woman confirms that the size is just right. So, the butcher wraps the piece of meat.

"I see that you have a promotion on steaks," says Elise.

"Yes, take advantage of it, that's a nice piece there," the butcher says.

Elise thinks to herself that she has no meals planned for the coming weekend. She will undoubtedly have some vegetables left over and she is certain to have some other supplies at home, so yes, the young woman would like to buy some meat.

"Put a rump steak in for me, then. Not too big please."

"For two as well?" asks the butcher.

"No, smaller. Thank you."

Again, the butcher weighs and shows the meat to the customer who confirms that the size is just right.

Peser - To weigh

Un rumsteck - A rump steak

Pour deux? - For two?

« **Et avec ça ?**, demande le boucher après avoir emballé le rumsteck.

- **Ce sera tout** », dit Elise.

Le boucher fait le total et annonce le prix à sa cliente.

« **Je peux payer par carte ?**, demande Elise.

- Pas en dessous de quinze euros », explique le boucher.

Elise comprend tout à fait : c'est un petit commerçant et ce n'est pas **avantageux** pour lui si tous les clients payent par **carte bancaire** des petites sommes. Cependant, il manque un euro pour que le total des achats d'Elise fasse le compte.

« Mince, je n'ai pas de monnaie, dit la jeune femme. Bien, mettez-moi des tranches de jambon en plus, s'il vous plait.

- Très bien, madame. », répond le boucher.

Elise se dit que le jambon lui fera son repas de dimanche soir.

« Voilà, **quinze trente deux**, s'il vous plaît. Par carte donc ?, dit le boucher.

- Oui, merci, dit Elise.

- Et voilà votre ticket ! Bonne journée, au revoir ! »

"Anything else?" asks the butcher after wrapping the rump steak.

"That's everything," Elise says.

The butcher adds it up and tells the customer the price.

"Can I pay by credit card?" asks Elise.

"Not for less than 15 euros," the butcher explains.

Elise understands completely: it's a small shop and it's not very helpful for him if all the customers pay small amounts on credit card. However, Elise is one euro off her purchases making the minimum spend.

"Damn, I don't have any cash," the young woman says. "Okay, put some extra slices of ham in for me, please."

"Very well, Madame," the butcher replies.

Elise thinks to herself that the ham will be for Sunday evening's meal.

"Here you are, fifteen euros and thirty-two cents, please. So, by card?" asks the butcher.

"Yes, please." Says Elise.

"And here is your receipt! Have a good day, bye!"

Et avec ça? - And with that?

Ce sera tout - It will be all

Je peux payer par carte? - Can i pay with a credit card?

Avantageux - Advantageous

Une carte bancaire - A credit card

Quinze trente deux - 15.32 €

Le soir venu, après qu'Elise a **passé une bonne partie de l'après-midi aux fourneaux** à cuisiner son rôti de veau et à préparer le dîner, Marc sonne à la porte. Il tient son gros bouquet de fleurs et a aussi acheté une bouteille de vin. Lorsqu'Elise lui ouvre, c'est la surprise de recevoir de si jolies fleurs. Quant à Marc, il devine à **l'odeur**, qui vient de la cuisine, qu'ils vont passer une bonne soirée.

The evening came, after Elise had spent a good part of the afternoon cooking her roast veal and preparing dinner, and Marc knocks on the door. He is holding his large bouquet of flowers and has also bought a bottle of wine. When Elise opens the door, she is surprised to receive such pretty flowers. As for Marc, he guesses from the smell, which is coming from the kitchen, that they are going to have a good evening.

Passer la journée aux fourneaux - To cook all day

L'odeur - The smell

Vocabulary Recap

Un jardinier-paysagiste - A landscape gardener

Une boîte - A business

Un carnet de commandes - A backlog

Depuis qu'il est tout gosse - Since he was a kid

Tailler les rosiers - To cut the roses

Tondre la pelouse - To mow the lawn

Le loyer - The rent

Une camionnette - A van

Une tondeuse - A mower

Un râteau - A rake

Une pelle - A shovel

Une bêche - A spade

Une fourche - A fork

Une hache - An axe

Un sécateur - Hedge shears

Une cisaille - A pruning shear

Une binette - A garden hoe

Une tailleuse de haie - A hedgecutter

Des gants - Gloves

Un arrosoir - A watering can

Un tuyau d'arrosage - A hose

Une brouette - A wheelbarrow

Un arbre - A tree

Un jardin de rocaille - A rock garden

Un banc - A bench

Une allée - A driveway

Un cerisier - A cherry tree

Un arbuste - A shrub

Un jeune plant d'arbre - A sapling

Une balancelle - A swing

Le mobilier de jardin - The garden furniture

Les bégonias - Begonias

Un pépiniériste - A nurseryman

Des graines à planter - Seeds to plant

Un conseil - Advice

Un abricotier - An apricot tree

Un poirier - A pear tree

Un jardin potager - A vegetable garden

Un figuier - A fig tree

L'ombre - The shadow

Un prunier - A plum tree

La lavande - Lavender

Chrysanthèmes - Chrysanthemums

Géraniums - Geraniums

Le jasmin - Jasmine

Une orchidée - An orchid

Un fleuriste - A florist

Un coup de cœur - A crush

Sur mesure - On demand / on measure

Un lys - A lily

Une tulipe - A tulip

De la bruyère - Heather

Une jonquille - A daffodil

Un oeillet - A carnation

Un bleuet - A cornflower

Du muguet - Lily-of-the-valley

Vingt-sept euros - 27 €

Être ravi - To be delighted

Le repas - The meal

À la bonne franquette - Nothing formal

Le poisson - The fish

La viande - The meat

Le gigot - The joint

La langue de bœuf - The cow's tongue

Le lapin - The rabbit

Le poulet - The chicken

Le veau - The veal

Les légumes frais - The fresh vegetables

Faire ses courses - To go shopping

Au supermarché - At the supermarket

Le rayon libre service - The self service department

Les saucisses - The sausages

Les dates de péremption - The expiration dates

Le rayon boucherie - The butcher department

Le boucher - The butcher

La vitrine - The showcase

Du foie - Liver

Du jambon - Ham

Des tranches fines - Thin slices

Un couteau - A knife

Du jambon fumé - Smoked ham

Du jambon cru - Raw ham

La balance - The scale

La viande hachée - The minced/ ground meat

Une boulangerie - A bakery

Une pâtisserie - A pastry shop

Moins cher - Less expensive

Une tranche de bacon - A slice of bacon

Un filet de bœuf - A cut of beef

Des abats - Offals

Une tranche de lard - A rasher

Le cœur de bœuf - Beef's heart

La viande rouge - The red meat

Saignante - Bloody

La volaille - Poultry

Une cuisse - A thigh / leg / dark meat

Un canard - A duck

La dinde - The turkey

Une caille - A quail

La peau - The skin

Un faisan - A pheasant

Le vin rouge - Red wine

Qu'est-ce que je vous sert? - What can i serve you?

Combien? - How much / how many?

Le morceau - The piece

Vous n'avez pas plus petit? - Don't you have something smaller?

Peser - To weigh

Un rumpsteck - A rump steak

Pour deux? - For two?

Et avec ça? - And with that?

Ce sera tout - It will be all

Je peux payer par carte? - Can i pay with a credit card?

Avantageux - Advantageous

Une carte bancaire - A credit card

Quinze trente deux - 15.32 €

Passer la journée aux fourneaux - To cook all day

L'odeur - The smell

Practice your writing

Write a short summary of this story. Do not paraphrase please.

Marc Durand est un monsieur très appliqué et très professionnel. C'est après quinze ans comme jardinier au sein d'une entreprise qu'il décide finalement de se mettre à son compte. Marc a eu raison, car maintenant jardinier et paysagiste à la fois, il est à la tête de sa propre et entreprise qui semble fonctionner parfaitement. Muni de son nouveau camion dans lequel il peut entasser tous ses outils, il parcourt la région avec tout le matériel nécessaire pour satisfaire ses clients. Mais Marc se doutait-il que son nouveau travail allait lui rapporter plus que de l'argent ? Non. Un jour, au cours d'une livraison, Marc rencontre une certaine Elise Hansel et se lie d'amitié avec cette charmante femme. Ils décidèrent finalement tous deux de se revoir. Ainsi, aujourd'hui, Marc est chaleureusement invité cette fois-ci en tant qu'ami et non jardinier à venir dîner chez elle. C'est alors que de son côté, il part à la recherche d'un cadeau authentique, tandis que pour sa part, après avoir bataillé pour trouver les ingrédients nécessaires, Elise s'applique à cuisiner un plat magnifique. Le soir venu, Elise est évidemment charmée par les fleurs tandis que Marc est déjà conquis par l'odeur alléchante qui s'échappe de la cuisine. C'est en effet une belle soirée qui s'annonce !

HISTOIRE 5: RENDEZ-VOUS À CHÂTELET !
STORY 5: MEET YOU AT CHÂTELET!

Peter est un jeune homme anglais qui passe une semaine dans le nord de la France. Aujourd'hui, il va à Paris pour voir un de ses amis : Léo. Léo vit en **banlieue parisienne**, mais les deux garçons ont décidé que c'était plus simple et sympa pour tout le monde de se retrouver directement dans la capitale. Pour Peter, qui ne connaît pas très bien **le réseau ferroviaire francilien**, il aura moins de trains à prendre et de correspondances à faire. Il lui faudra seulement prendre le métro à la sortie de la gare. Quant à Léo, en RER c'est presque direct et c'est un trajet que le jeune homme connaît par cœur. D'ailleurs, avant de partir, Peter a demandé à son ami de lui expliquer la différence entre tous ces différents trains, pour être sûr de ne pas se tromper.

Peter is a young, English man who is spending a week in the north of France. Today, he is going to Paris to see one of his friends: Léo. Léo lives in a Parisian suburb, but the two young men decided that it was simpler and nicer for them to meet in the capital. For Peter, who doesn't know the Paris rail network very well, he would take fewer trains and make fewer connections. He would only have to take one subway train at the station exit. As for Léo, it's almost direct on the RER and the young man knows the journey like the back of his hand. And, before leaving, Peter had asked his friend to explain the difference between all these different trains, to ensure he doesn't make a mistake.

La banlieue parisienne - The paris suburbs

Le réseau ferroviaire francilien - The paris rail network

La gare - The train station

« Bon, le train, tu connais, lui a alors dit Léo. C'est pour aller d'une ville à une autre en France. Il y a **les TER**, les trains entre les régions, et **les TGV**, les trains à grande vitesse qui permettent d'aller à l'autre bout du pays assez vite. Ensuite à Paris, tu as **les RER**, qui sont des trains rapides qui vont dans les banlieues. Enfin, tu as le métro, qui est **souterrain** et qui permet de se déplacer rapidement dans la ville. Enfin ça, tu connais déjà je pense !

- Oui, on a le même dans notre capitale ! Et le Tram, qu'est-ce que c'est ?, avait demandé Peter.

- **Le Tram**, c'est un peu comme le métro, sauf qu'il n'est pas sous terre mais à l'extérieur, sur des rails dans la rue. Et il couvre moins de quartiers. Du moins ici, à Paris, c'est comme ça : le TRAM ne va pas partout », avait expliqué Léo.

"Well, the train, you're already familiar with," Léo says to him. "It's for going from one town to another in France. There is the TER, the trains going between regions, and the TGV, the high-speed trains which allow you to get to the other end of the country quite quickly. Then, in Paris, you have the RER, which are fast trains that go to the suburbs. Finally, you have the subway, which is underground and allows you to move around the city quickly. Well, I think you already know that!"

"Yes, we have the same in our capital! And the tram, what's that?" Peter asked.

"The tram is a little bit like the subway, except that it's above ground not underground, and runs on rails on the street. And it covers fewer districts. At least here, in Paris, it's like that: the Tram doesn't go everywhere," Léo explained.

Le TER - (Transport Express Regional) The train between two regions, which is slower than the high speed train.

Le TGV - (Train à Grande Vitesse) The high speed train

Le RER - The RER is a faster train that travels greater distances and goes to the nearby Paris suburbs.

Souterrain - Underground

Le Tram - The tram is similar to the subway, except that it is above-ground and runs on rails in the street.

Peter parle français. Son niveau n'est pas excellent car il y a quelques expressions typiquement françaises qu'il ne comprend pas encore très bien, mais le jeune homme sait se faire comprendre et il peut participer aux conversations sans problème. Cependant, Peter **appréhende** un peu ce voyage dans Paris. Prendre le train et sortir de la gare ne lui pose aucun soucis, mais son ami Léo lui a dit : « Rendez-vous à Châtelet ! ». Peter sait qu'il s'agit d'une station de métro dans Paris, mais c'est la première fois qu'il va prendre le métro parisien tout seul. Le jeune homme imagine que c'est assez semblable au métro londonien. Il **espère** quand même ne pas **se tromper** de station. S'il se perd, il a le numéro de Léo dans son téléphone, donc ça devrait aller. Puis Peter a regardé son **trajet** avant de partir : il a **un plan du métro** avec lui et il a noté les stations, les correspondances et le temps approximatif du trajet. Donc tout devrait bien se passer.

Peter speaks French. His level isn't great because there are a few typically French expressions that he still doesn't understand very well, but the young man knows how to make himself understood and can join in conversations without a problem. However, Peter is a little apprehensive about this trip in Paris. Taking the train and leaving the station doesn't worry him, but his friend, Léo said to him: "Meet you at Châtelet!" Peter knows that this is a subway station in Paris, but this is his first time taking the Parisian subway alone. The young man imagines that it's quite similar to the London Underground. He hopes, nonetheless, to get off at the right station. If he is lost, he has Léo's phone number in his phone, so that should be fine. Then Peter looked at his trip before setting off: he has a subway map with him and he has noted the stations, the connections and the approximate duration of the journey. So, everything should go smoothly.

Appréhender - To be apprehensive / to fear

Espérer - To hope

Se tromper - To be mistaken

Un trajet - A trip

Le plan du métro - A subway map

Peter descend du train et traverse la gare. Il suit les autres passagers qui se dirigent vers **l'entrée** du métro pour la plupart. C'est ce que lui avait conseillé de faire Léo : de **suivre** le mouvement. Comme le métro est souterrain, il faut **descendre des escaliers**. Là, la plupart des personnes continuent sans s'arrêter et passent les petites portes qui s'ouvrent lorsque l'on composte son ticket ou que l'on présente **sa carte d'abonnement**. Mais Peter, lui, doit s'arrêter pour acheter **un titre de transport**.

Il y a deux **guichets automatiques**, mais l'un affiche un panneau « hors service » pour signaler qu'il n'est pas en état de fonctionnement et il y a la queue devant l'autre. Peter se rend alors directement au guichet où il y a un peu moins de monde. En plus, il peut comme ça poser des questions à la guichetière si besoin.

Son tour arrive vite et Peter a déjà sorti son porte-monnaie. Il hésite entre prendre un seul ticket ou **un carnet**, mais le garçon se dit qu'il pourra toujours prendre un carnet plus tard.

« Bonjour, **je voudrais** un ticket s'il vous plaît. », demande Peter.

La femme du guichet lui annonce le prix et lui donne son ticket. Peter la remercie et va **composter** son ticket pour lui aussi passer les portes qui conduisent ensuite aux quais.

Le jeune homme suit le couloir, mais une fois arrivé sur **le quai**, il a un doute.

« Excusez-moi, demande t-il à une femme. **C'est le bon sens pour aller à Châtelet ?**

- Non, pour Châtelet il faut aller sur le quai d'**en face**, lui répond la femme.

- Oh, d'accord. Merci ! », dit Peter.

Se tromper de quai dès le début, ça commence bien ! Heureusement, il n'a qu'un escalier et un couloir à prendre pour être sur le bon quai.

Peter gets off the train and crosses the train station. He follows the other passengers, the majority of whom are heading towards the subway entrance. It's what Léo advised him to do: go with the flow. As the subway is underground, he needs to go down the stairs. Here, most people continue without stopping and pass through the ticket gates which open when you validate your ticket or present your transit pass. But Peter, himself, has to stop and buy a ticket.

There are two automatic ticket machines, but an 'out of order' sign is attached to one to show that it is not working and there is a queue for the other. Peter goes directly to the ticket desk where there are fewer people. Moreover, this way he can ask the tickets officer questions if he needs to.

His turn comes quickly, and Peter has already taken out his wallet. He hesitates between a single ticket or a pack of tickets, but the young man thinks to himself that he can always buy a pack later.

"Hello, I would like a ticket please," Peter says.

The ticket officer tells him the price and gives him his ticket. Peter thanks her and goes to validate his ticket so that he can also go through the ticket gates to the platform. The young man follows the corridor but is doubtful when he arrives at the platform.

"Excuse me, is this the right way to go to Châtelet?" he asks a woman.

"No, for Châtelet you have to go to the platform opposite," the woman replies.

"Oh, okay. Thanks!" says Peter.

To get the wrong platform from the offset, it's going well! Luckily, he only has to walk up some stairs and through a corridor to get to the right platform.

L'entrée - The entrance

Suivre - To follow

Descendre des escaliers - To go down the stairs

Une carte d'abonnement - A subscription / a card pass

Un titre de transport - A ticket (official)

Un guichet automatique - An atm

Un carnet - A book of tickets (usually ten tickets)

Je voudrais - I would like

Composter - To validate

Le quai - The platform

C'est le bon sens pour aller à x ? - Is this the right direction to go to x ...?

En face - In front of

Peter voit que **le prochain métro** est dans quatre minutes. Il n'a donc pas longtemps à attendre. Il observe le quai **autour** de lui et voit qu'il y a marqué « **attention danger de mort** » le long de **la voie**. C'est pour éviter les accidents et pour que personne ne descende sur les rails car c'est dangereux. Peter voit aussi qu'il y a beaucoup de monde sur le quai. Il semble que ce soit **l'heure de pointe**. Quand **la rame de métro** arrive, les wagons du centre sont pleins : les portes automatiques s'ouvrent et la foule descend de la voiture. Ensuite, c'est au tour des passagers sur le quai de monter dans la rame. Peter voit qu'il n'aura pas de place dans les wagons du milieu, alors il se dirige vers **la voiture de tête** où il y a moins de monde. Le jeune homme arrive à monter juste avant que les portes ne se referment, quelle chance !

Peter sees that the next train is in four minutes. So, he doesn't have long to wait. He observes the platform around him and sees that there is "caution: danger of death" painted along the length of the platform. This is to avoid accidents and so that no one goes down onto the tracks because it's dangerous. Peter also sees that there are lots of people on the platform. It seems like it's rush hour. When the train arrives, the central carriages are full: the automatic doors open and the crowd steps out from the carriages. Next, it's the turn of the passengers on the platform to get on the train. Peter see that there won't be enough space in the middle carriages, so he heads towards the front carriage where there are fewer people. The young man gets on just before the doors close, luckily!

Le prochain métro - The next metro

Autour - Around

Attention danger de mort - Caution: danger of death (usually seen near the head of the platform, around high-voltage electrical equipment beyond the usual boundary of the platform)

La voie - The track

L'heure de pointe - Rush hour

La rame de métro - The subway train

La voiture de tête - The first train car

Il y a tout de même du monde dans ce wagon et Peter est obligé de rester debout et de s'accrocher à une barre. Il aimerait bien **s'asseoir**, mais tous les sièges sont déjà occupés. En plus, comme c'est l'heure de pointe, il est conseillé de ne pas utiliser tous les sièges. C'est d'ailleurs noté à l'intérieur du wagon, sur une petite affiche : ***''En cas d'affluence, ne pas utiliser les strapontins!''*** Peter comprend tout à fait, même si il y a toujours des gens pour ne pas respecter cette **règle**. D'ailleurs, Peter voit un jeune homme, plus jeune que lui, qui est assis sur **une place prioritaire** alors qu'il y a **une femme enceinte** qui est debout pas très loin, contre la vitre. Peter pense aller dire au jeune homme de laisser sa place à la future maman, mais le métro s'arrête de nouveau et la femme enceinte descend de la rame.

There are still lots of people in this carriage and Peter has to stay standing and to hang on to a bar. He would really like to sit down, but all the seats are already taken. Moreover, as it's rush hour, you are advised not to use all the seats. It's marked on the inside of the carriage, on a small sign: "At busy times, please do not use the fold-down seats!" Peter understands completely, even if there are always people who don't respect this rule. Elsewhere, Peter sees a young man, younger than himself, sitting in a priority seat whilst, not far from him, there is a young pregnant lady who is leaning against the window. Peter thinks about going to tell the young man to give his seat up for the future mother, but the train stops again, and the pregnant lady gets off the train.

S'asseoir - To sit

Un siège - A seat

"En cas d'affluence, ne pas utiliser les strapontins!" - "In case of crowded conditions, please do not use the fold-down seats!"

Une règle - A rule

Une place prioritaire - A reserved seat

Une femme enceinte - A pregnant woman

Peter a encore quelques stations à faire. A chacune d'entre elles, le métro **s'arrête**, les gens montent et descendent et le métro repart. Peter est un peu **secoué** à chaque fois, mais le trajet le repose. Il garde toutefois en permanence un œil sur le plan de la rame qui est affichée dans le wagon et il **guette** le nom de chaque station. C'est que le jeune homme doit faire un changement et prendre **une correspondance** car la ligne n'est pas directe jusqu'à Châtelet. Le métro passe une station fermée car elle est **en travaux** et il ne s'arrête donc pas. Peter le savait et il doit descendre au prochain arrêt.

Une fois sur le quai, il cherche **la sortie**. De nouveau, le jeune homme suit la foule. Il se dit que le métro ressemble un peu à un labyrinthe lorsque l'on ne le connaît pas bien ! Au bout du couloir, il arrive dans un espace plus grand. Il y a **des escaliers roulants** pour remonter dans la rue, quelques boutiques, **des vendeurs à la sauvette** pour les touristes et **des kiosques à journaux**. Et, bien sûr, d'autres couloirs pour aller sur les différents quais. Peter **se sent perdu** et il demande son chemin :

« Excusez moi, pour aller à Châtelet, c'est par où ?, demande le jeune homme à une vendeuse de journaux.

- Prenez le couloir en face, dit la femme.

- **Où ça ?**, demande Peter qui n'est pas sûr de la direction.

- Là, **c'est tout droit !**, lui explique la femme.

- D'accord, merci ! », répond Peter qui a repéré où il devait aller.

Peter still has a few stations to go. At each of them, the train stops, people get on and off and the train leaves again. Peter is shaken a little each time, but the journey relaxes him. However, he always keeps an eye on the subway map, which is displayed in the carriage and he watches out for the name of each station. This is because the line isn't direct to Châtelet. The train passes a closed station because it's under repair and so it doesn't stop. Peter knows this and he must get off at the next stop.

Once on the platform, he looks for the exit. Again, the young man follows the crowd. He thinks to himself that the underground resembles a maze when you don't know it very well! At the end of the corridor, he comes to a larger space. There are escalators to go to the street, some shops, illegal street vendors for tourists and newsstands. And, of course, other corridors to go to the different platforms. Peter feels lost and asks for directions.

"Excuse me, which way is Châtelet?" the young man asks a newspaper saleswoman.

"Take the corridor opposite," the woman says.

"Where?" asks Peter, who is unsure of the way.

"There, straight ahead!" the woman explains to him.

"Okay, thanks!" Peter replies having spotted where he has to go.

S'arrêter - To stop

Être secoué - To be shaken

Guetter - To watch

Une correspondance - A connection (as in a connecting line, a transfer line)

En travaux - Under construction / under repair

La sortie - The exit

Les escaliers roulants - The escalators

Des vendeurs à la sauvette - Seller on the sly

Un kiosque à journaux - A newspaper stand

Se sentir perdu - To feel lost

Où? - Where?

Tout droit - Straight

Tant qu'il ne sort pas du métro, qu'il ne remonte pas dans la rue, Peter n'a pas à acheter un nouveau ticket. Il peut utiliser le même pour sa correspondance. La voie et le chemin à suivre sont indiqués et le jeune homme arrive sur le bon quai. Il voit que la prochaine rame arrive dans quelques minutes et il regarde sa montre pour vérifier qu'il sera bien à l'heure à son **rendez vous** avec son ami. Léo lui a déjà raconté **les retards** et les problèmes qu'il a pu avoir avec les trains. Des accidents sur les voies qui obligent le métro à s'arrêter. Cela crée des retards et **les correspondances ne sont plus assurées**. Léo dit que c'est assez fréquent et que c'est surtout très **ennuyeux** car tout le monde arrive en retard et les parisiens perdent vite patience.

Mais aujourd'hui il ne semble pas y avoir ce genre de problème. D'ailleurs, le métro de Peter arrive et le jeune homme trouve une place assise cette fois. Il n'y a pas beaucoup de monde dans cette rame, c'est une ligne moins **fréquentée**.

As long as he doesn't leave the subway, nor go back up to the street, Peter doesn't have to buy a new ticket. He can use the same one for his connection. The way to go is shown and the young man gets to the right platform. He sees that the next train arrives in a few minutes and he looks at his watch to check that he will be in good time to meet his friend. Léo has already told him about the delays and the problems he has had with the trains. Like accidents on the tracks which force the subway to stop running. This creates delays and the connections are no longer available. Léo says this is quite common and that this is especially annoying because everyone arrives late, and Parisians quickly lose their patience. But there doesn't seem to be this kind of problem today. Incidentally, Peter's train arrives and this time the young man finds a seat. There aren't many people on this train, it's a less busy line.

Un rendez vous - An appointment

Un retard - A delay

Les correspondances ne sont plus assurées - Line transfer not available (due to refurbishment or temporary shutdown)

Ennuyeux - Annoying

Fréquenté - Attended

Pendant le trajet, Peter se dit que prendre le métro c'est vraiment différent d'un voyage en train. Il n'y a pas de **première classe** dans le métro : tout le monde utilise les mêmes voitures. Les voyages sont moins longs aussi et personne n'a de valise avec lui en général. C'est pour ça qu'il n'y a pas de **porte-bagages** dans le métro. Mais dans les deux cas, il faut **acheter un billet** et le composter avant de monter dans le train. Peter se demande comment c'est de prendre le RER. Léo lui a expliqué que c'était un peu **un mélange** d'un train et du métro. Mais ça ressemble tout de même plus à un train puisque les wagons ne sont pas sous terre. Par contre, les sièges sont placés assez bas par rapport à la voie et il y a aussi **un étage** aux voitures. Peut-être qu'un jour Peter prendra le RER pour aller voir son ami en banlieue. En tout cas une chose est sûre, ce n'est pas dans un train comme un TGV qu'il y a des musiciens !

During the journey, Peter thinks to himself that the subway is much different to a train journey. There is no first class on the subway: everyone uses the same carriages. The journeys are shorter and, generally, no one has luggage with them. That's why there are no luggage racks on the subway. But in both cases, you need to buy a ticket and validate it before getting on the train. Peter wonders what it's like to take the RER. Léo explained to him that it was a bit of a mix between a train and the subway. But, nonetheless, it looks more like a train since the carriages are not underground. On the other hand, the seats are quite low in relation to the track and the carriages have another floor. Maybe one day Peter will take the RER to go see his friend in the suburbs. Anyway, one thing is for certain, you don't find musicians on trains like the TGV!

Première classe - First class

Un porte-bagages - A luggage rack

Acheter un billet - To buy a ticket

Un mélange - A mix

Un étage - A floor

Le musicien est monté à la dernière station et maintenant il joue du violon dans la rame. Peter pense que c'est sans doute **un sans-abri** qui essaye de gagner quelques pièces de monnaie en jouant de la musique dans le métro. Les autres voyageurs ne font pas attention au musicien. Les parisiens sont tellement habitués à ce genre d'animation que ça ne leur fait plus rien. Mais Peter trouve qu'il joue assez bien. C'est **une chanson très célèbre** et comme le musicien s'approche du jeune homme, celui-ci sort une pièce de son porte-monnaie. Il la donne au musicien qui a traversé toute la voiture et descend à la station suivante. Le jeune homme se dit qu'il doit passer toutes ses journées dans le métro à aller de station en station et à jouer un peu de musique pour **essayer de gagner quelques pièces**. C'est assez triste.

The musician got on at the last station and now he's playing his violin on the train. Peter thinks that he's probably a homeless person who is trying to earn some money by playing music on the subway. The other passengers ignore the musician. The Parisians are so used to this sort of activity that they no longer notice it. It's a very famous song and as the musician approaches him, he takes some change out of his wallet. He gives it to the musician who has crossed the entire carriage and gets off at the next station. The young man thinks to himself that he must spend every day on the subway going from station to station and playing a little bit of music to earn some money. It's quite sad.

Un sans-abri - A homeless person

Une chanson très célèbre - A very famous song

Essayer de gagner quelques pièces - To try to win some money

Peter a encore deux stations à faire. Léo lui a envoyé un message sur son téléphone pour lui demander où il était et Peter a répondu qu'il arrivait bientôt.

« Ne descends pas **au terminus** », écrit Léo dans un autre message.

« Non, je sais que je dois descendre à la station d'avant », lui répond Peter.

Au pire, s'il se trompe et arrive au terminus, Peter pourra toujours reprendre le métro dans **l'autre sens** et s'arrêter à la première station. Il arrivera seulement en retard pour retrouver son ami, mais celui-ci l'excuserait probablement.

Peter still has two stations to go. Léo sent him a message on his phone to ask him where he was, and Peter replied that he would be there soon.

"Don't get off at the terminus," Léo writes in another message.

"No, I know I have to get off at the station before," Peter replies.

At worst, if he makes a mistake and goes as far as the terminus, Peter will still be able to get back on the subway in the other direction and stop at the first station. He will only be late to meet his friend, but he would probably forgive him.

Le terminus - The last stop

L'autre sens - The other way

Nouvel arrêt, parmi les passagers qui montent, le jeune homme voit **deux contrôleurs**. Léo lui avait dit que les contrôles n'étaient pas si fréquents, tout du moins que lui n'en voyait pas tant que ça, mais Peter est content **d'être en règle** et d'avoir avec lui son ticket. C'est vrai que dans le métro parisien il y a **des resquilleurs**, des gens qui arrivent à entrer sans prendre ni composter de ticket. C'est pour éviter ce genre de **fraudes** que les contrôleurs font leur travail et vérifient les titres de transport. Peter sort donc son ticket de sa poche. Léo lui avait aussi dit de ne pas le jeter et de bien le garder pendant tout le trajet.

At the next stop, among the passengers getting on, the young man sees two ticket inspectors. Léo had told him that inspections weren't so common, or at least he didn't see them that much, but Peter is happy to abide by the rules and has his ticket with him. It's true that there are fare dodgers on the Parisian subway, people who gain entry without buying or validating a ticket. The ticket inspectors do their job and check train tickets to avoid this type of fraud. Therefore, Peter takes out his ticket from his pocket. Léo had also told him to not throw it away and to keep it safe during the trip.

Un contrôleur - A controller

Être en règle - To be in good standing

Un resquilleur - A dodger

Une fraude - A fraud

« **Contrôle des tickets**, s'il vous plaît », dit le contrôleur devant Peter.

Le jeune homme lui montre son titre de transport et le contrôleur vérifie qu'il est composté et validé.

« C'est bon, merci.

- Merci », répond Peter alors que l'homme est déjà en train de vérifier le titre du passager d'**à côté**.

Tous les passagers de cette voiture semblent être en règle. Il reste cependant deux garçons **au fond** du wagon. Les contrôleurs s'approchent et leur demandent leurs tickets. Peter n'entend pas bien ce qui se dit, mais apparemment les deux garçons n'ont pas de tickets. Les garçons essayent d'expliquer leur situation et ils tentent de négocier, mais les contrôleurs sont **fermes** : ils demandent leurs noms et d'autres informations aux garçons qui reçoivent **une amende**.

Peter se dit que c'est vraiment idiot de la part des deux garçons de ne pas avoir acheté de tickets de métro : maintenant ils doivent payer une amende alors qu'un ticket ce n'est pas très **cher** et ça leur aurait évité des ennuis.

"Ticket checks, please," says the inspector in front of Peter.

The young man shows the inspector his ticket and he checks that it is validated.

"It's fine, thank you."

"Thanks," Peter replies but the man is already in the middle of checking the ticket of the passenger next to him.

All the passengers in this carriage seem to be in order. However, there are two young men at the end of the carriage. The inspectors approach them and ask for their tickets. Peter doesn't hear what is being said, but apparently the two young men don't have tickets. The young men try to explain their situation and attempt to negotiate, but the inspectors are firm: they ask the young men, who receive a fine, for their names and other information.

Peter thinks to himself that it's really stupid of the two young men to not have bought a subway ticket: now they have to pay a fine when a ticket isn't very expensive, and it would have saved them the trouble.

Contrôle des tickets - Tickets verification

À côté - Next

Au fond - At the bottom

Ferme - Firm

Une amende - A fine

Cher - Expensive

C'est enfin l'arrêt de Peter : Châtelet. Le jeune homme descend de la rame et se dirige vers la sortie. Mais il ne voit pas son ami Léo. Prenant son téléphone portable, Peter lui envoie un message :

« **Où es-tu ?** »

Quelques secondes après, le jeune homme reçoit la réponse de son copain :

« Je suis près du **bureau de tabac**. »

« C'est où, ça ? » écrit Peter.

« C'est juste **avant** la sortie. Il est **au coin**, tu ne peux pas le louper. » explique Léo.

« J'arrive » répond Peter.

It's finally Peter's stop: Châtelet. The young man gets off the train and heads towards the exit. But he doesn't see his friend, Léo. Taking out his mobile phone, Peter sends him a message.

"Where are you?"

A few seconds later, the young man receives his friend's response:

"I'm near the tobacco store."

"Where's that?" Peter writes.

"It's just before the exit. It's in the corner, you can't miss it," Léo explains.

"I'm coming," Peter replies.

Où es tu? - Where are you?

Un bureau de tabac - A tobacco store

Avant - Before

Au coin - At the corner

Le jeune homme va tout droit dans les couloirs puis il **tourne à gauche** en direction de la sortie. Là, il voit le bureau de tabac, **après** des guichets automatiques. **Devant**, il y a Léo qui attend.

« Léo ! appelle le jeune homme en s'approchant.

Peter ! Ca va ? Alors, tu t'en es sorti avec le métro pour arriver ?

- Oui, ça a été. Je me suis juste trompé de quai en sortant de la gare, mais comme tu le vois, je suis arrivé, dit Peter.

- Parfait ! Maintenant on prend les escaliers, là, sur **la droite** et je te fais visiter Paris comme prévu. Mais je crois que tu as déjà vu l'attraction principale, ah ah !, dit Léo.

- Le métro oui, ah ah ! répond Peter. Il y avait même un homme avec un violon !

- Et bien tu as déjà tout vu, mon ami ! », rigole Léo.

Cette visite de la capitale s'annonce amusante.

The young man goes straight through the corridors then turns left towards to the exit. There, he sees the tobacco store, after the ATMs. There in front, Léo is waiting for him.

"Léo!" the young man calls as he approaches.

"Peter! How are you? So, you managed to make it here on the subway?"

"Yes, it was fine. I just got the wrong platform when leaving the station, but as you see, I'm here," Peter says.

"Perfect! Now let's take the stairs, there, on the right and I'll show you around Paris as planned. But I think you've already seen the main attraction, haha!" says Léo.

"Yes, the subway, haha!" Peter replies. "There was even a man with a violin!"

"Good, so you've seen everything, my friend!" Léo laughs.

This visit to the capital promises to be fun.

Tourner à gauche - To turn at the left

Après - After

Devant - In front of

La droite - Right

Vocabulary Recap

La banlieue parisienne - The Paris suburbs

Le réseau ferroviaire francilien - The Paris rail network

La gare - The train station

Le TER - (Transport Express Regional) The train between two regions, which is slower than the high speed train.

Le TGV - (Train à Grande Vitesse) The high speed train

Le RER - The RER is a faster train that travels greater distances and goes to the nearby Paris suburbs.

Souterrain - Underground

Le Tram - The tram is similar to the subway, except that it is above-ground and runs on rails in the street.

Appréhender - To be apprehensive / to fear

Espérer - To hope

Se tromper - To be mistaken

Un trajet - A trip

Le plan du métro - A subway map

L'entrée - The entrance

Suivre - To follow

Descendre des escaliers - To go down the stairs

Une carte d'abonnement - A subscription / a card pass

Un titre de transport - A ticket (official)

Un guichet automatique - An ATM

Un carnet - A book of tickets (usually ten tickets)

Je voudrais - I would like

Composter - To validate

Le quai - The platform

C'est le bon sens pour aller à X ? - Is this the right direction to go to X ...?

En face - In front of

Le prochain métro - The next metro

Autour - Around

Attention danger de mort - Caution: danger of death (usually seen near the head of the platform, around high-voltage electrical equipment beyond the usual boundary of the platform)

La voie - The track

L'heure de pointe - The rush hour

La rame de métro - The subway train

La voiture de tête - The first train car

S'asseoir - To sit

Un siège - A seat

"En cas d'affluence, ne pas utiliser les strapontins!" - "In case of crowded conditions, please do not use the fold-down seats!"

Une règle - A rule

Une place prioritaire - A reserved seat

Une femme enceinte - A pregnant woman

S'arrêter - To stop

Être secoué - To be shaken

Guetter - To watch

Une correspondance - A connection (as in a connecting line, a transfer line)

En travaux - Under construction / under repair

La sortie - The exit

Les escaliers roulants - The escalators

Des vendeurs à la sauvette - Seller on the sly

Un kiosque à journaux - A newspaper stand

Se sentir perdu - To feel lost

Où? - Where?

Tout droit - Straight

Un rendez vous - An appointment

Un retard - A delay

Les correspondances ne sont plus assurées - Line transfer not available (due to refurbishment or temporary shutdown)

Ennuyeux - Annoying

Fréquenté - Attended

Première classe - First class

Un porte bagages - A luggage rack

Acheter un billet - To buy a ticket

Un mélange - A mix

Un étage - A floor

Un sans-abri - A homeless person

Une chanson très célèbre - A very famous song

Essayer de gagner quelques pièces - To try to win some money

Le terminus - The last stop

L'autre sens - The other way

Un contrôleur - A controller

Être en règle - To be in good standing

Un resquilleur - A dodger

Une fraude - A fraud

Contrôle des tickets - Tickets verification

À côté - Next

Au fond - At the bottom

Ferme - Firm

Une amende - A fine

Cher - Expensive

Où es tu? - Where are you?

Un bureau de tabac - A tobacco store

Avant - Before

Au coin - At the corner

Tourner à gauche - To turn at the left

Après - After

Devant - In front of

La droite - Right

Practice your writing

Write a short summary of this story. Do not paraphrase please.

Jeune garçon Anglais, Peter se lance depuis peu dans cette grande aventure qui consiste à visiter la France ! Aujourd'hui, Peter se rend à Paris pour y rejoindre son ami Léo. Étant actuellement dans le nord de la France, Peter va devoir prendre plusieurs trains pour arriver à son lieu de rendez-vous, Châtelet, en plein coeur de Paris ! Problème, des trains et des correspondances, ce n'est pas ce qui manque. Entre les TER, les TGV, le Tram, le RER et le Métro, il y a de quoi se tromper. Heureusement, son ami Léo connaît par coeur le trajet, et lui explique tout ce qu'il doit savoir. C'est alors que Peter s'engage fièrement dans cette aventure. Dès le départ, Peter remporte sa première épreuve, en esquivant une erreur fatale qui aurait pu lui coûter d'aller dans le mauvais sens ! Heureusement pour lui, après avoir demandé son chemin, il se retrouve sur les bons rails ! Deuxième épreuve, c'est l'heure de pointe, et le métro est totalement bondé. Mais encore une fois, Peter s'en sort comme un chef, et se faufile dans la rame pour trouver une place. Enfin, après avoir joyeusement écouté un musicien du métro, Peter finira tout de même par retrouver son ami, en temps et en heure.

HISTOIRE 6: UN SAMEDI SOIR À PARIS.
STORY 6: SATURDAY NIGHT IN PARIS.

Le samedi soir à Paris, il y a plusieurs catégories de personnes : celles qui restent chez elles à regarder la télé, celles qui vont voir le dernier blockbuster au cinéma, celles qui sortent en boîte de nuit, etc... Plus généralement, il y a **les casaniers**, qui restent à la maison, et les fêtards qui sortent de chez eux, souvent toute la nuit.

Théo est étudiant dans la capitale depuis deux ans. Lui qui venait de **la province**, sa première année de fac a été accompagnée de nombreuses soirées étudiantes et de la découverte de la vie parisienne : surtout la vie parisienne nocturne. Maintenant, le jeune homme est bien adapté à ce mode de vie et il connait de bonnes adresses pour passer une bonne soirée et **s'éclater**.

Nous sommes samedi soir et Théo a invité l'un de ses amis. Il s'agit de Samuel, un garçon de sa promo qui est arrivé en début d'année scolaire, en septembre. Samuel est un étudiant étranger inscrit dans un programme d'échange européen. Il est anglais, mais va passer un an en France pour ses études. Il est très vite devenu **pote** avec Théo qui l'invite dans son petit appartement pour la première fois.

On a Saturday night in Paris, there are several types of people: those who stay at home to watch television, those who go to see the latest blockbuster movie at the cinema, those who go out to night clubs, etc... More generally, there are the homebirds, who stay at home, and the party animals who leave their homes, often all night long.

Théo has been a student in the capital for two years. Having come from a small town, his first year at university had seen him on many student nights and the discovery of Parisian life: especially Parisian nightlife. Now, the young man is well used to this way of life and he knows the right places to have a good night and to have fun.

It's Saturday night and Théo has invited of one of his friends over. This is Samuel, a boy in his class who arrived at the beginning of the school year, in September. Samuel is a foreign student enrolled in a European exchange program. He is English but will spend a year in France for his studies. He has very quickly become friends with Théo who is inviting him to his small apartment for the first time.

Un casanier - A stay-at-home

La province - The province

S'éclater - To have fun

Pote - Friend / bro

« Salut, dit Théo en ouvrant la porte à Samuel. Ça va ? Vas-y, entre et fais comme chez toi ! »

Samuel a apporté un cadeau à Théo. Il ne voulait pas arriver les mains vides car le jeune homme a appris que c'était un peu comme une tradition en France d'apporter quelque chose à ses **hôtes** quand on est invité. Comme il ne savait pas trop quoi amener, Samuel a choisi d'offrir à Théo une bouteille de vin. Ne s'y connaissant pas en vin, il a acheté la plus chère.

« Oh, merci pour **le pinard**, lui dit Théo. Il ne fallait pas ! »

Mais Théo est content de ce cadeau qui semble en plus être une bonne bouteille. En regardant l'étiquette, Théo voit qu'il s'agit en effet d'**un grand cru**.

« Assied-toi, j'ai préparé **l'apéro** ! », dit Théo qui disparaît un instant dans la cuisine.

Samuel en profite pour prendre place sur le petit canapé. Théo ramène deux verres et un plateau avec plein de petits bols. Dedans, il y a des gâteaux apéritifs, des petites saucisses cocktail, du **saucisson**, des cacahuètes et des olives.

"Hi," says Théo opening the door to Samuel. "How are you? Come in and make yourself at home."

Samuel brought a gift for Théo. He didn't want to arrive empty handed because the young man learnt that it was a sort of tradition in France to bring something for the hosts when you are a guest. As he didn't really know what to bring, Samuel chose to give Théo a bottle of wine. Not knowing about wine, he bought the most expensive one.

"Oh, thank you for the wine," Théo says to him, "You didn't have to!"

But Théo is happy with this gift which seems to a be a nice bottle as well. Looking at the label, Théo sees that it is indeed a vintage wine.

"Take a seat, I've prepared an aperitif!" says Théo, disappearing into the kitchen for a moment.

Samuel takes advantage of this and takes a seat on the small couch. Théo brings back two glasses and a tray with lots of bowls. Inside them, there are some crackers, little cocktail sausages, dried sausage, peanuts and olives.

Un hôte - A host

Le pinard - Wine / cheap wine

Un grand cru - A vintage wine

L'apéro - The drink / the aperitif

Saucisson - Sausage

« Qu'est-ce que tu bois ?, demande Théo.

Je ne sais pas..., répond Samuel. Comme toi !

- Allez mon pote, **lâche-toi** ! Qu'est-ce que tu veux ? J'ai du whisky, de la bière, de la vodka, des sodas et du rhum. Ou de l'eau, mais c'est samedi soir, c'est fait pour **picoler** !

- Je vais prendre une bière, s'il te plaît.

- Une bière ? Ça marche ! Moi je vais me boire une vodka-coca. »

"What do you want to drink?" Théo asks.

"I don't know..." Samuel responds, "Whatever you're having!"

"Come on, buddy, loosen up! What do you want? I have whisky, beer, vodka, fizzy drinks, and rum. Or water, but it's Saturday night, it's made for drinking alcohol!"

"I'll take a beer, please."

"A beer? Sure! I'm going to have a vodka and coke."

Lâche-toi! - Loosen up!

Picoler - To drink alcohol

Théo repart dans la cuisine où il va chercher les bouteilles. Après avoir servit les deux verres, le jeune homme lève le sien pour **trinquer**. Samuel l'imite, curieux de cette coutume dont il a entendu parler.

« **Tchin** !, dit Théo en frappant doucement son verre contre celui de son ami.

- **A ta santé** !, répond Samuel.

- **A la tienne** !, ajoute Théo avant de commencer à boire son verre. Sers-toi, ne te gêne pas. Tu dois **avoir la dalle**, non ? Moi je n'ai rien becté depuis ce matin ! »

Théo avait trop de choses à faire aujourd'hui et à part un petit déjeuner rapide, le jeune homme n'a rien mangé de toute la journée. Il prend une poignée de cacahuètes et quelques tranches de saucisson.

Théo heads back into the kitchen to look for the bottles. After serving the two drinks, the young man raises his glass to make a toast. Samuel does the same, curious about this custom that he had heard about.

"Cheers!" Théo says, lightly hitting his glass against his friend's.

"To your health!" Samuel responds.

"To yours!" Théo adds before starting to drink his drink. "Help yourself. You should be hungry, right? I haven't eaten anything since this morning!"

Théo had too much to do today and apart from a quick breakfast, the young man hadn't eaten anything all day. He takes a handful of peanuts and some slices of sausage.

Trinquer - To clink glasses

Tchin! - (Literally) Clink!

À ta santé! - To your health!

À la tienne! - To yours! (Health)

Avoir la dalle - To be hungry

Becter - To eat / to nosh

Samuel **picore** dans le bol de gâteaux apéritifs tout en **sirotant** sa bière et en discutant avec son ami. Le sujet principal de conversation est bien sûr l'université. Les deux jeunes hommes se plaignent de leurs cours et surtout de leurs profs, puis parlent des examens qui approchent et des révisions qu'il va falloir commencer bientôt. Samuel annonce aussi une bonne nouvelle : il a eu le droit à **une bourse d'étude** supplémentaire !

« Oh, félicitations, lui dit Théo. Eh bah **ça s'arrose** ! »

Samuel picks at the bowl of crackers whilst sipping his beer and chatting with his friend. The main topic of conversation is of course the university. The two young men complain about their classes and, of course, their professors, then they talk about the approaching exams and the revision that they will have to start soon. Samuel also shares some good news: he's eligible for an additional scholarship!

"Oh, congratulations," Théo says to him, "Well, that deserves a drink!"

Picorer - To peck

Siroter - To sip

Une bourse d'étude - A scholarship

Ça s'arrose! - That deserves a drink!

Théo retourne à la cuisine pour chercher de quoi remplir de nouveau les verres et fêter cette bonne nouvelle.

« Tu as faim ? demande plus tard Théo. Moi j'ai encore **les crocs**. Ca te dit de se faire **un resto**, manger un bout ? »

Samuel hésite un peu, il n'a pas beaucoup de liquide sur lui ce soir. Théo voit que son ami semble embêté et lui dit alors :

« **C'est cadeau**, je t'invite ! C'est pas tous les jours que l'on peut fêter une bourse d'étude et je connais un petit bistrot pas loin. C'est pas cher, **la bouffe** est bonne et le patron est super sympa ! Pour te dire, la dernière fois que j'y suis allé, je n'avais pas assez de monnaie pour mon café et le sandwich. Et bien le patron m'a dit que ce n'était pas grave, il m'a fait **une ardoise** et j'ai payé deux jours après sans que ça lui pose problème ! »

Théo returns to the kitchen to look for something to refill the glasses with and to celebrate this good news.

"Are you hungry?" Théo asks later. "I'm still famished. Does going to a restaurant to grab a bite to eat sound good to you?"

Samuel hesitates a little, he doesn't have a lot of cash on him this evening. Théo sees that his friend seems bothered and so says to him:

"It's a gift, my treat! It's not every day that you can celebrate a scholarship and I know a little bistro close by. It's not expensive, the food is good, and the owner is really nice! Just so you know, the last time I went there, I didn't have enough money for my sandwich and coffee. And well, the owner told me that it wasn't a big deal, he opened a tab for me, and I paid two days later, and he didn't have a problem with it.

Avoir les crocs - To be famished

Un resto = un restaurant - A restaurant

C'est cadeau! - It's a treat!

La bouffe - The meal, something to eat

Avoir une ardoise - To have a tab (slate)

Décidés à aller manger un morceau en ville, les deux jeunes hommes quittent l'appartement. Le bistrot dont parle Théo est à quelques minutes à pieds seulement, mais Théo fait un petit détour pour faire découvrir le quartier à Samuel. L'étudiant pense que c'est **une bonne occase** de montrer la ville à son ami étranger, de lui faire découvrir le Paris loin des sites touristiques. Il s'arrête notamment devant une petite église, fermée à cette heure-ci, mais dont la façade est très belle avec toutes ses sculptures. Samuel traîne et voudrait prendre des photos, mais Théo n'a pas envie de passer la soirée à admirer des statues.

« Allez viens, **grouille toi** ! », dit Théo.

Having decided on going to get a bite to eat in the city, the two young men leave the apartment. The bistro Théo is talking about is only a few minutes' walk away, but Théo makes a little detour to show Samuel around the neighborhood. The student thinks that this is a good occasion to show the city to his foreign friend, to help him discover Paris away from the tourist attractions. He stops, in particular, in front of a small church, closed at this hour, but whose facade is very beautiful with all its sculptures. Samuel wanders around and would like to take photos, but Théo doesn't want to spend the evening admiring statues.

"Come on, hurry up!" Théo says.

Une occase = une occasion - An occasion

Se grouiller - To hurry up

Les deux amis repartent alors et arrivent finalement devant le bistrot.

« Tu vas voir, on va se régaler ! », dit Théo en poussant la porte.

À l'intérieur, l'ambiance est chaleureuse. Il n'y a pourtant pas beaucoup de monde et les deux garçons s'installent à une table libre dans le fond de la salle.

« Bonsoir messieurs, **qu'est-ce que je vous sers**? demande une jeune serveuse qui semble être une étudiante travaillant ici pour se faire un peu de **fric**.

- On va prendre des **andouillettes**, commande Théo. Avec **une mousse** pour moi et toi, tu prends quoi ?

- Je vais prendre **un verre de rosé**, s'il vous plaît, demande Samuel.

- D'accord, c'est noté ! Je vous apporte tout ça dans quelques minutes », dit la serveuse avant d'aller donner la commande **au cuistot**.

So, the two friends carry on and finally arrive at the bistro.

"You'll see, we're going to have a good time!" Théo says, pushing the door.

Inside, the atmosphere is warm. However, there aren't many people and the two boys sit at a free table at the back of the room.

"Good evening, gentlemen, how can I serve you?" asks a young waitress, who seems to be a student working here to earn a bit money.

"We'll have the andouillettes," Théo orders, "with a beer for me, and what are you having?"

"I'll have a glass of rosé, please," Samuel asks.

"Okay, got it! I'll bring you all of that in a few minutes," says the waitress before going to give the order to the chef.

Qu'est-ce que je vous sers? - What can i serve you?

Le fric - Money

Andouillette - A type of sausage

Une mousse - A beer

Un verre de rosé - A glass of rosé

Le cuistot - The chef

« Elle est pas mal, la serveuse », fait remarquer Théo après que la jeune femme leur ait apportés leur commande.

Samuel est d'accord que la fille est plutôt **mignonne**, mais ce n'est pas vraiment son genre.

Les deux garçons mangent en se racontant des anecdotes. Samuel parle surtout de sa vie en Angleterre et de sa famille là-bas. Il vide aussi régulièrement son verre de rosé et en recommande auprès de la serveuse.

« **On va prendre la bouteille !** », finit par dire Théo au moment du dessert.

Samuel demande une mousse au chocolat pour terminer son repas, mais Théo a assez mangé.

« **Je sors fumer une clope** en attendant », dit-il à son ami étranger.

"The waitress is cute," Théo says after the young woman has brought them their order.

Samuel agrees that the girl is rather cute, but she isn't really his type.

The two boys eat whilst telling stories. Samuel mostly talks about his life in England and his family there. He regularly empties his glass of rosé and orders more from the waitress.

"We'll take the bottle!" Théo ended up saying when it was time for dessert.

Samuel asks for a chocolate mousse to finish his meal, but Théo has eaten enough.

"I'm going out for a cigarette whilst we wait," he says to his foreign friend.

Mignonne - Cute

On va prendre la bouteille! - We'll take the bottle!

Je sors fumer une clope - I'm going out for a cigarette.

Quand il revient, Théo voit que Samuel **est rouge comme une tomate.**

« Bah alors, tu as trop bu ?, demande-t-il à son ami.

- Non, **je me suis fait draguer par la serveuse !**, explique Samuel. Elle m'a même donné son numéro !

- Ah ah, **tu es un sacré veinard !** »

Après le repas, Théo propose une petite promenade.

« **On s'installe sur les quais ?** », demande-t-il.

Samuel est d'accord et il suit son ami. En chemin, les deux garçons croisent un homme, une bouteille à la main, qui semble totalement ivre. L'homme ne marche pas droit, il trébuche sur un pavé et tombe par terre.

« Regarde ce **poivrot** !, dit Théo. **Il s'est bien rétamé !** »

Heureusement, l'homme se relève et ne semble pas blessé.

When he returns, Théo sees that Samuel is as red as a tomato.

"Oh, have you drunk too much?" he asks his friend.

"No, I was hit on by the waitress!" Samuel explains, "She even gave me her number!"

"Haha, you are one lucky guy!"

After the meal, Théo suggests a little walk.

"Shall we sit on river bank?" he asks.

Samuel agrees and follows his friend. On the way, the two boys come across a man, with a bottle in hand, who seems completely drunk. The man isn't walking straight, trips on a cobblestone and falls over.

"Look at this drunkard!" Théo says. "He's really hammered!".

Fortunately, the man gets back up and seems unharmed.

Être rouge comme une tomate - To blush (to be red like a tomatoe)

Je me suis fait draguer par la serveuse! - I got hit on by the waitress!

Être veinard - To be lucky

On s'installe sur les quais? - Let's go sit on the quays?

Un poivrot - A drunkard

Se rétamer - To be hammered

Assis sur un banc sur les quais de la Seine, les deux jeunes hommes voient passer un groupe de filles qui **rigolent** très fort. L'une des filles s'arrête devant Théo, une cigarette à la main.

« Excuse-moi, dit-elle, **t'as pas du feu ?** »

Théo sort son briquet pour allumer la cigarette de la demoiselle.

« Vous allez danser **en boîte** ? », demande Théo.

Les autres filles ont rejoint leur copine.

« Non, **y'a une grosse teuf chez ma pote !** Vous voulez venir ?, demande la fille aux deux garçons.

- Y'a **un after** ?, demande Théo.

- Ouais, on pensait aller dans un bar et s'enfiler **des shooters,** dit la fille.

- Un bar ? Encore ? Et vous avez pensé à Melissa ?, dit une de ses copines. C'est pas bien, elle boit trop.

- Mais non, elle aime juste faire la fête ! », dit une troisième jeune femme.

Le groupe de fille rigole de nouveau et commence à s'éloigner le long du quai.

« Alors, **vous venez ?** », demande la fille à la cigarette aux deux garçons.

Théo voit rapidement avec Samuel si il a envie de suivre ces filles et finalement les deux garçons se retrouvent avec le petit groupe.

Sat on a bench on the banks of the Seine, the two young men see a group of girls pass by, laughing very loudly. One of the girls stops in front of Théo, with a cigarette in her hand.

"Excuse me," she says, "do you have a light?"

Théo takes out his lighter to light the young lady's cigarette.

"Are you going to dance at a club?" Théo asks.

The other girls have joined their friend.

"No, there is a huge party at my friend's place! Do you want to come?" the girl asks the two boys.

"Is there an after-party?" Théo asks.

"Yeah, we were thinking about going to a bar and having some shots," the girl says.

"A bar? Again? And have you thought about Melissa?" says one of her friends. "It's not okay, she drinks too much."

"Not at all! She just likes to party!" says a third young woman.

The group of girls laugh again and start to walk along the river bank.

"So, are you coming?" the girl with the cigarette asks the boys.

Théo discusses quickly with Samuel if he wants to follow these girls and, in the end, the boys catch up with the little group.

Rigoler - To laugh

T'as pas du feu? - Do you have a lighter? (For a cigarette)

En boîte (de nuit) - A nightclub

Y'a une grosse teuf chez ma pote - There's a big party at my friend's house.

Un after - An after-party

Des shooters - Some shots

Vous venez? - Are you coming?

« Il aime bien picoler ton copain ! », dit l'une des filles à Samuel.

Le petit groupe est maintenant en train de s'amuser dans l'appartement de l'une des jeunes femmes que Théo et Samuel ont suivies. La stéréo joue de la musique à fond et des **fêtards** dansent jusque sur le petit balcon. Théo et Samuel ne connaissent personne mais se sont rapidement intégrés. Un verre en main, Samuel discute dans un coin avec **la fumeuse** qui leur avait demandé du feu. Théo, lui, préfère danser avec les autres invités et essayer de **draguer** une jolie blonde. Il s'arrête de temps en temps pour se resservir un verre.

"Your friend likes to drink!" one of the girls says to Samuel.

The little group is now having fun in the apartment of one of the girls that Théo and Samuel followed. The stereo is playing music as loudly as possible and the party animals are dancing on the balcony. Théo and Samuel don't know anyone but have fitted in quickly. With a drink in hand, Samuel talks in the corner with the smoker girl who asked them for a light. Théo, himself, prefers to dance with the other guests and tries to flirt with a pretty, blonde girl. He stops from time to time to get himself another drink.

Fêtards - Revelers

La fumeuse - The smoker girl

Draguer - To flirt with someone

« Toi, tu bois moins, fait remarquer la fille à Samuel.

- Oui, parce que **je ne veux pas être trop bourré**, dit le jeune homme.

- Tu as bien raison. Sinon bonjour **la gueule de bois** le lendemain matin ! », dit la fille.

Samuel pense qu'elle a raison : se réveiller avec un mal de tête n'est pas pour lui. Il préfère être raisonnable et ne pas boire de trop. Surtout qu'il a déjà bu pas mal de rosé dans le bistrot. Puis il arrive à s'amuser sans être complétement bourré.

« Il a vraiment **une bonne descente**, fait remarquer la fille, toujours en parlant de Théo. Regarde, il **s'en jette encore un** ! »

Apparemment, observer Théo boire amuse la jeune femme. Elle termine son propre verre **d'une traite** et rejoint les autres danseurs en laissant Samuel.

"You don't drink as much," the girl points out to Samuel.

"Yes, because I don't want to be too drunk," says the young man.

"You're right, otherwise say hello to a hangover tomorrow morning!" the girl says.

Samuel thinks that she's right: waking up with a headache isn't for him. He prefers to be sensible and to not drink too much. Especially since he has already drunk quite a bit of rosé in the bistro. Then, he can have fun without being completely drunk.

"He really knocks it back," the girl points out, still talking about Théo. "Look, he's downing another one!"

Apparently, watching Théo drink amuses the young girl. She finishes her own drink in one gulp and joins the other dancers, leaving Samuel.

Je ne veux pas être trop bourré - I don't want to get too drunk.

La gueule de bois - The hangover

Avoir une bonne descente - To knock it back

S'en jeter un - To down a drink

Boire d'une traite - To drink in one swallow

La petite fête se passe bien et tout le monde s'amuse. Samuel a sympathisé avec la fumeuse et si Théo n'a pas réussi à draguer la blonde, il a eu le numéro d'une belle brune aux cheveux courts. Il l'appellera sans doute dans quelques jours, mais pour le moment, le groupe de filles rencontré sur les quais veut quitter la fête pour un after dans un bar **branché**. Samuel commence à être un peu fatigué, mais il se laisse convaincre par son ami de suivre les filles pour aller boire encore quelques verres.

Les fêtards sortent donc de l'appartement pour traverser une partie de Paris et se retrouver dans un bar **bondé** où ils trouvent quand même une table.

The small party is going well, and everyone is having fun. Samuel got on with the smoker girl and even though Théo wasn't successful in flirting with the blonde girl, he had the number of a beautiful brunette with short hair. Undoubtedly, he'll call her in a few days, but for the moment, the group of girls that they met on the river bank, want to leave the party to go to an after-party in a trendy bar. Samuel starts to feel a little tired, but he lets himself be convinced by his friend to follow the girls and go have a couple more drinks.

So, the party animals leave the apartment to go across a part of Paris and meet again in a crowded bar where they find a table nonetheless.

Branché - Fashionable / trendy

Bondé - Full of people / crowded

« On va prendre des shooters de Tequila! », dit l'une des filles avant de partir commander auprès du barman.

Les boissons arrivent quelques minutes après et chacun à son verre.

« Allez, à trois : **cul-sec** ! »

Ensemble, les fêtards font le décompte -trois, deux, un ! et avalent d'une traite leurs petits verres d'alcool. L'ambiance est survoltée dans ce bar, avec de la musique techno très forte. Samuel commence à ne pas se sentir très bien et il s'excuse auprès des autres pour aller aux toilettes.

« **C'est ma tournée !** », dit Théo pendant ce temps.

Un serveur passe alors près de leur table.

« **On va prendre la même chose !** », dit le jeune homme en faisant signe au serveur.

Quelques minutes après, le groupe est de nouveau en train de vider les verres lorsque Samuel revient s'asseoir.

"Let's have some tequila shots!" says one of the girls before going to order from the barman. The drinks arrive a few minutes later and everybody takes a glass.

"Okay, on three: down in one!"

Together, the party animals count down – "three, two, one!" - and swallow their small alcohol shots in one gulp. The atmosphere is overwhelming in this bar, with very loud techno music. Samuel starts to feel very unwell and he excuses himself from the others to go to the toilets.

"It's my round next!" says Théo in the meantime.

A waiter passes close to the table.

"We'll have the same again!" says the young man making a sign to the waiter.

A few minutes later, the group is again emptying their glasses when Samuel comes to sit back down.

Cul-sec - In one swallow

C'est ma tournée! - I pay the next round!

On va prendre la même chose - We're going to have another round

« Je suis **fatigué** », dit Samuel à l'oreille de son ami.

Les deux garçons sont avec le groupe de filles depuis au moins trois heures maintenant et, même si la soirée est géniale, l'étudiant étranger a envie de rentrer dormir.

« Ça va ? Tu ne t'amuses plus ?, demande Théo un peu **inquiet**.

- Oui ça va et je **m'amuse**, mais il faut que je sois raisonnable, autrement lundi matin en cours ça va être horrible, dit Samuel.

- Ouais, tu as raison. On ferait mieux d'y aller, dit Théo. Bon, les filles, cse fut une super soirée mais on y va. **Amusez-vous bien !**

- Quoi, déjà ? dit l'une des filles.

- Tu as vu l'heure ? dit sa copine. **J'y vais** aussi.

- Vous partez toutes les deux ? demande Samuel. **Vous avez beaucoup bu, on va vous appeler un taxi.**

- Merci, c'est gentil. Vous rentrez comment vous ?, demande la fille.

- **On va attendre le métro,** dit Théo.

- Ok, **rentrez bien alors. Bonne soirée !** »

"I'm tired," says Samuel into his friend's ear.

The two boys have been with the group of girls for at least three hours now and, even if the night is fantastic, the foreign student wants to go back and sleep.

"Are you okay? Are you not having fun anymore?" asks Théo, a bit worried.

"Yes, I'm alright and I'm having fun. But I need to be sensible, otherwise, Monday morning in class is going to be horrible," Samuel says.

"Yeah, you're right. We'd better go," Théo says. "Okay, girls, it has been a great night but we're going. Have fun!"

"What? Already?" says one of the girls.

"Have you seen the time?" says her friend. "I'm going too."

"Are you both leaving?" Samuel asks. "You've had a lot to drink, we'll call you a taxi."

"Thanks, that's very kind. How are you getting home?" the girl asks.

"We're taking the subway," Théo says.

"Okay, get home safely. Good night!"

Fatigué - Tired

Inquiet - Worried

S'amuser - To have fun

Amusez-vous bien! - Have fun!

J'y vais - I'm going

Vous avez beaucoup bu, on va vous appeler un taxi - You drank a lot, we will call you a taxi

On va attendre le métro - We will wait for the metro

Rentrez bien alors. Bonne soirée! - Go home safely. Good night!

« Alors, cette soirée ?, demande Théo à son ami en attendant le métro de nuit. Tu t'es amusé ?

- Ouais, c'était sympa, dit Samuel en **bâillant**.

- On s'est éclatés, ouais ! Je t'ai dit que j'avais **choppé** le numéro de la brune ?

- Non, mais j'ai vu comment tu as dansé avec elle ! Tu vas l'appeler ?

- Ouais, je pense la revoir », dit Théo alors que le métro arrive.

Théo raccompagne Samuel jusqu'à chez lui pour s'assurer qu'il soit bien rentré. Après lui avoir souhaité une bonne nuit, le jeune homme reprend le métro et rentre lui aussi **se coucher**.

"So, did you have fun tonight?" Théo asks his friend, while they wait for the nighttime subway.

"Yeah, it was nice," Samuel says, yawning.

"It was a great night, yeah! Did I tell you I got the number of the brunette?"

"No, but I saw how you danced with her! Are you going to call her?"

"Yeah, I'm thinking about seeing her again," Théo says when the train arrives.

Théo accompanies Samuel to his house to make sure he gets home safely. After wishing him a good night, the young man takes the subway again and goes home to bed.

Bâiller - To yawn

Chopper - To get

Se coucher - To go to bed

« Alors, c'était bien hier ? », demande **le colocataire** de Samuel le lendemain matin.

Samuel s'est levé très tard et il a un léger mal de crâne. Il s'assoit dans le canapé avec un verre d'aspirine à la main.

« Ouais, c'était pas mal, dit il en avalant l'anti-douleur.

- Seulement pas mal ? T'es rentré super tôt ce matin, non ? J'ai vaguement entendu la porte claquer vers les deux ou **trois heures du mat**... ! »

Le colocataire rigole. C'est vrai que Samuel a trouvé la soirée intéressante et qu'il a passé un super bon moment en compagnie de Théo.

« Ouais, c'était vraiment bien ! explique t-il à son colocataire. Désolé de t'avoir réveillé... «

Le colocataire lui dit que ce n'est pas grave et demande à Samuel de lui raconter ce qu'il a fait et comment il a passé sa soirée.

« Et bien, vous en avez fait des choses !, conclut-il après que Samuel lui a tout dit.

- Ouais, mais je ne **refais** pas ça tous les samedis ! »

"So, was yesterday good?" Samuel's roommate asks him the next morning.

Samuel woke up very late and has a slight headache. He sits on the couch with a bottle of aspirin in hand.

"Yeah, it wasn't bad," he says, swallowing the painkiller.

"Only not bad? You got back super early this morning, right? I vaguely heard the door slam near two or three in the morning...!"

The roommate laughs. It's true that Samuel found the night interesting and that he had a great time in Théo's company.

"Yeah, it was really good!" he explains to his roommate. "Sorry to have woken you..."

The roommate says to him that it's not a big deal and asks Samuel to tell him what he did and how he spent his night.

"Well, you were busy!" he concludes after Samuel has told him everything.

"Yeah, but I'm not doing it again every Saturday!"

Le colocataire - The roommate

Trois heures du mat (= du matin) - Three o'clock in the morning

Refaire - To do again

Vocabulary Recap

Un casanier - A stay-at-home

La province - The province

S'éclater - To have fun

Pote - Friend / bro

Un hôte - A host

Le pinard - Wine / cheap wine

Un grand cru - A vintage wine

L'apéro - The drink / the aperitif

Saucisson - Sausage

Lâche toi! - Loosen up!

Picoler - To drink alcohol

Trinquer - To clink glasses

Tchin! - (Literally) Clink!

À ta santé! - To your health!

À la tienne! - To yours (health)!

Avoir la dalle - To be hungry

Becter - To eat / To nosh

Picorer - To peck

Siroter - To sip

Une bourse d'étude - A scholarship

Ça s'arrose! - That deserves a drink!

Avoir les crocs - To be famished

Un resto = un restaurant - A restaurant

C'est cadeau! - It's a treat!

La bouffe - The meal / something to eat

Avoir une ardoise - To have a tab (slate)

Une occase = une occasion - An occasion

Se grouiller - To hurry up

Qu'est-ce que je vous sers? - What can i serve you?

Le fric - Money

Andouillette - A type of sausage

Une mousse - A beer

Un verre de rosé - A glass of rosé

Le cuistot - The chef

Mignonne - Cute

On va prendre la bouteille! - We'll take the bottle!

Je sors fumer une clope - I'm going out for a cigarette.

Être rouge comme une tomate - To blush (to be red like a tomatoe)

Je me suis fait draguer par la serveuse! - I got hit on by the waitress!

Être veinard - To be lucky

On s'installe sur les quais? - Let's go sit on the quays?

Un poivrot - A drunkard

Se rétamer - To be hammered

Rigoler - To laugh

T'as pas du feu? - Do you have a lighter? (for a cigarette)

En boîte (de nuit) - To nightclub

Y'a une grosse teuf chez ma pote - There's a big party at my friend's house.

Un after - An after-party

Des shooters - Some shots

Vous venez? - Are you coming?

Fêtards - Revelers

La fumeuse - The smoker girl

Draguer - To flirt with someone

Je ne veux pas être trop bourré - I don't want to get too drunk.

La gueule de bois - The hangover

Avoir une bonne descente - To knock it back

S'en jeter un - To down a drink

Boire d'une traite - To drink in one swallow

Branché - Fashionable / trendy

Bondé - Full of people/crowded

Cul-sec - In one swallow

C'est ma tournée! - I pay the next round!

On va prendre la même chose - We're going to take another round

Fatigué - Tired

Inquiet - Worried

S'amuser - To have fun

Amusez-vous bien! - Have fun!

J'y vais - I'm going

Vous avez beaucoup bu, on va vous appeler un taxi - You drank a lot, we will call you a taxi

On va attendre le métro - We will wait for the metro

Rentrez bien alors. Bonne soirée! - Go home safely. Good night!

Bâiller - To yawn

Chopper - To get

Se coucher - To go to bed

Le colocataire - The roommate

Trois heures du mat (= du matin) - Three o'clock in the morning

Refaire - To do again

Practice your writing

Write a short summary of this story. Do not paraphrase please.

Il y a des soirs pas comme les autres dans la capitale française, et Samuel, jeune étudiant anglais pour un an en France, va très vite s'en rendre compte. Aujourd'hui nous sommes samedi et son ami Théo l'a invité à venir prendre l'apéro chez lui. Soucieux de s'accoutumer aux traditions françaises, Samuel arrive chez son ami avec une très belle bouteille de vin ! Samuel en profite par ailleurs pour annoncer qu'il vient d'obtenir une nouvelle bourse à l'étude. C'est bien sûr l'occasion de reboire un verre, et ce ne sera pas le dernier de la soirée ! C'est alors que Théo propose à Samuel de lui offrir un restaurant pour fêter ça, la soirée ne faisait dès lors que commencer. Peu de temps après, les deux amis rencontrent un groupe de jeunes filles. Théo ne loupe pas l'occasion de se faire de nouveaux amis et c'est ainsi qu'ils se retrouvent à faire la fête dans un appartement parisien. La soirée se déroule à merveille. Alors que Samuel avait obtenu précédemment le numéro de la serveuse de leur restaurant, Théo lui fait concurrence en repartant avec celui d'une belle brune. C'est après avoir fait une halte dans un bar branché, qu'ils finissent tous deux par retourner chez eux, contents de s'être amusés de la sorte !

HISTOIRE 7: UNE APRÈS-MIDI À LA PLAGE.
STORY 7: AN AFTERNOON AT THE BEACH.

Murielle est une jeune **trentenaire** qui vit dans le sud de la France, non loin de la côte. À quelques minutes de chez elle en voiture, il y a de grandes **plages** de sable, la mer... et beaucoup de touristes ! Surtout en cette saison : l'été, les **vacanciers** envahissent les hôtels et les campings. Qu'ils soient étrangers ou qu'ils viennent du nord de la France, tous ces gens viennent profiter du soleil, de la chaleur et de la Méditerranée. Et ils ont bien raison ! Mais Murielle connait bien sa région qu'elle a eut l'occasion d'explorer à de nombreuses reprises, seule ou avec ses amis. Aussi, la jeune femme sait où se rendre pour aller **se baigner** loin des foules et être plus tranquille. Elle connait quelques coins charmants, des petites **criques** isolées et aussi où trouver les plages de naturistes ! Pour ne pas s'y mêler, bien sûr car la nudité en publique **dérange** la jeune femme qui respecte cependant ce mode de vie.

Murielle is in her early thirties and lives in the south of France, not far from the coast. A few minutes' drive from her house, there are large, sandy beaches, the sea... and lots of tourists! Especially at this time of year: in the summer, holiday-makers invade the hotels and the camping sites. Whether they are foreigners or are from the north of France, everyone comes to enjoy the sunshine, the warmth and the Mediterranean Sea. And they're right to do so! But Murielle knows her region well because she has been able to explore it on several occasions, alone or with her friends. Also, the young woman knows where to go to swim, away from the crowds, and to be more peaceful. She knows some charming areas, small, isolated coves, and also where to find the nudist beaches! So as to not get mixed up in it, of course, because public nudity bothers the young woman, even though she respects this way of life.

Trentenaire - Thirties

La plage - The beach

Un vacancier - A vacationer, holiday-maker

Se baigner - To bathe

Une crique - A little beach between cliffs

Déranger - To disturb

Au début de l'été, Murielle n'est pas encore en vacances. Elle travaille toute la semaine dans sa petite boutique de **vêtements** en centre ville, mais elle est fermée le dimanche et le lundi matin. Cela ne fait pas un très long week-end à Murielle, mais la jeune femme y est habituée. Comme elle n'aime pas rester chez elle durant son temps libre parce qu'**elle a la bougeotte**, Murielle est souvent de sortie. D'autant plus que la jeune femme est **une amoureuse de la nature** et qu'elle est assez sportive. Elle a déjà eut l'occasion de pratiquer quelques sports extrêmes d'ailleurs, notamment du **saut en parachute** et de l'escalade une année dans les Alpes. Mais elle apprécie également les activités plus calmes, comme **une longue marche** sur la plage ou tout simplement aller se baigner.

At the start of the summer, Murielle is not yet on vacation. She works all week in a small clothes store in the town center, but it's closed on Sundays and Monday mornings. This doesn't give Murielle a very long weekend, but the young woman is used to it. She doesn't like staying at home when she has free time because she gets restless, so Murielle often goes out. What's more, the young woman is a nature lover and quite sporty. She has already had the opportunity to do some extreme sports, especially skydiving and rock climbing one year in the Alps. But she also appreciates calmer activities, like a long walk on the beach or simply going swimming.

Un vêtement - A cloth (une boutique de vêtements = clothes shop)

Avoir la bougeotte - To have ants in the pants

Une amoureuse de la nature - A nature-lover

Le saut en parachute - The parachute jump

Une longue marche - A long walk

Ce week-end, Murielle **reçoit** un couple d'amis venant du nord de la France. Ils descendent en train depuis la Bretagne et vont passer une semaine sur la côte d'Azur qu'ils ne connaissent pas. Mais avant de rejoindre leur hôtel, ils ont prévu de passer le dimanche chez Murielle.

La jeune femme leur avait préparé la chambre d'ami car ils sont arrivés le samedi soir. Après un dîner convivial dans un restaurant de la région à déguster **la cuisine locale**, tous sont rentrés se coucher. Murielle a en effet préparé **un programme chargé** pour le lendemain et il leur faudra se lever tôt.

This weekend, Murielle is hosting a couple of friends from the north of France. They are coming down on the train from Brittany and are going to spend a week in the French Riviera, which they aren't familiar with. But before getting to their hotel, they are expecting to spend Sunday at Murielle's house.

The young woman has prepared the guest bedroom for them because they are arriving on Saturday evening. After a pleasant dinner in a local restaurant to taste the local cuisine, they returned home to sleep. Murielle has actually prepared a busy program for the following day and they need to wake up early.

Recevoir - To receive

La cuisine locale - The local food

Un programme chargé - A busy program

À sept heures le dimanche matin, les trois amis sont donc réunis dans la cuisine et prennent un copieux petit-déjeuner.

« Alors, qu'est-ce qui est prévu ? demande Eric à Murielle tout en finissant son café.

- D'abord, je vous fais découvrir **la côte** en voiture, dit Murielle. Ensuite nous nous trouverons une plage calme où nous pique-niquerons à midi. J'espère que vous aimez la baignade et les sandwichs ! Et en fin d'après-midi, je vous ai réservé une surprise.

- Oh, tout ça m'a l'air bien intéressant !, dit Eric.

- Oui, tu as pensé à tout, c'est parfait, ajoute sa femme Lola. **J'ai hâte** d'y aller !

- On part dès que vous êtes prêts » dit Murielle avec un grand sourire.

La journée s'annonce bien.

At seven o'clock in the morning, the three friends are gathered in the kitchen and have a hearty breakfast.

"So, what's planned?" Eric asks Murielle whilst finishing his coffee.

"Firstly, I am going to show you the coast from the car," says Murielle. "Then we will find ourselves a calm beach where we will have a picnic at midday. I hope you like swimming and sandwiches! And at the end of the afternoon, I have booked you a surprise.

"Oh, that all sounds really interesting!" Eric says.

"Yes, you have thought of everything, it's perfect. I look forward to it!" his wife, Lola, adds.

"We're leaving as soon as you're ready," Murielle says with a big smile.

The day promises to be good!

La côte - The coast

Avoir hâte - To look forward

D'autant mieux que le soleil brille dans un ciel sans nuage, couleur bleu azur. Le thermomètre a déjà **grimpé**, mais la chaleur est tempérée par une petite **brise** qui rend le fond de l'air très agréable. Il fait beau, il ne fait pas encore trop chaud et Murielle a déjà terminé de charger **le coffre de la voiture** avec tout ce qui est nécessaire pour la journée.

Vers huit heures, tout le monde est prêt et monte dans le véhicule. Au volant, Murielle sort de la ville après en avoir traversé le centre et montré au passage quelques monuments remarquables pour se diriger vers **le bord de mer**.

It's even better that the sun is shining in a clear blue sky. The temperature has already risen, but the heat is tempered by a little breeze which makes the air very pleasant. It's a nice day, it's not too hot and Murielle has already finished packing the car's trunk with everything they need for the day. Around eight o'clock, everyone is ready and gets in the vehicle. Driving, Murielle leaves the town, having crossed the town center and pointed out to them a few notable monuments on the way, and they head towards the seaside.

Grimper - To climb

La brise - The breeze

Le coffre de la voiture - The car's luggage compartment

Le bord de mer - The seaside

Bien vite, l'eau est en vue et le couple de bretons s'émerveille de voir la mer comme deux enfants qui la verraient pour la première fois. La route longe les plages protégées par **les dunes de sable**. Il y a déjà beaucoup de monde qui lézarde sur ces plages de bon matin. Lola demande à s'arrêter pour aller marcher dans les dunes. À peine sortie de la voiture, la jeune femme enlève ses tongs et va courir dans le sable fin. Murielle et Eric l'imitent, leurs sandales à la main. Les sandales avaient été recommandé par Murielle car elles évitent d'avoir plein de sable dans ses chaussures et d'en mettre ensuite partout dans la voiture.

Les amis se promènent une bonne demi-heure dans les dunes et prennent plusieurs photos. Ensuite ils reprennent la voiture pour continuer **leur périple** car cette plage reste un nid à touristes.

Soon, the water is in view and the Breton couple marvel at the sight of the sea, like two children seeing it for the first time. The road runs alongside the beaches, protected by the sand dunes. Bright and early, there are already lots of people who are basking in the sun on the beaches. Lola asks to stop to go walk on the dunes. Barely out of the car, the young woman takes off her flip-flops and goes to run on the sand. Murielle and Eric do the same, with their sandals in hand. The sandals were recommended by Murielle because they avoid sand filling up your shoes and then getting all over the car. The friends walk for a good half an hour on the dunes and take several photos. Then, they get back in the car to continue their adventure because this beach is a popular tourist spot.

Les dunes de sable - The sand dunes

Lézarde - To bask in the sun

Un périple - An adventure / a trip

Plus loin dans **la baie**, Murielle montre au couple des endroits tout de suite moins fréquentés : délimitées par des gros **rochers** entourés de **bancs de sable**, ces plages sont moins populaires, mais pourtant très belles.

« Je vous emmène dans un lieu encore plus beau !, dit Murielle. Vous allez voir, c'est comme le Paradis ! »

Eric et Lola sont surexcités et impatients.

« C'est ici, dit finalement Murielle en arrêtant la voiture non loin d'une petite **falaise**. Il faut descendre, mais ça vaut le coup ! »

Further along in the bay, Murielle shows the couple some places that are straightaway less busy: demarcated by large rocks surrounded by sand banks, these beaches are less popular, yet still very beautiful.

"I'm taking you somewhere even more beautiful!" Murielle says. "You'll see, it's like Heaven."

Eric and Lola are very excited and impatient.

"Here it is," Murielle finally says as she stops the car not far from a small cliff. "You have to climb down, but it's worth it."

La baie - The bay

Un rocher - A rock

Un banc de sable - A sand bank / a temporary island

Une falaise - A cliff

C'est **une plage de galets** complètement déserte que le couple d'amis découvre en descendant un escalier taillé dans la roche. La crique n'est pas très vaste, mais il y a suffisamment de place pour s'installer et surtout, la vue sur la mer est magnifique.

« Regarde cette **eau** bleue !, dit Eric en appelant Lola.

- Ce qu'elle est claire ! Ca donne envie de se baigner ! »

Aussitôt dit, aussitôt fait : Lola enlève son short et son t-shirt, sous lequel elle avait mis son **maillot de bain**, et va tremper ses pieds dans l'eau.

« Ouh ! Elle est un peu fraîche ! dit elle.

- Tu es **frileuse**, ma chérie », lui dit Eric qui rentre à son tour dans l'eau **salée**.

Cette après-midi, le soleil la chauffera et la rendra encore plus agréable pour la baignade.

The friends discover a completely deserted, pebble beach as they go down the steps cut into the rock. The cove isn't very large, but there is enough space to sit down and, above all, the sea view is magnificent.

"Look at this blue water!" Eric says, calling out to Lola.

"It's so clear! It makes me want to go swimming!"

No sooner said than done: Lola takes off her shorts and t-shirt, under which she had her bathing suit on, and she goes to dip her feet in the water.

“Oh! It’s a little fresh!” she says.

“You’re sensitive to the cold, darling,” says Eric, who, in turn, gets into the salty water.

This afternoon, the sun will warm it up and make it even nicer to swim in.

Une plage de galets - A pebble beach

L’eau - The water

Un maillot de bain - A bathing suit

Frileux / frileuse - Chilly / sensitive to cold

Salée - Salty

Pendant que ses deux amis se baignent, Murielle s’installe. Elle plante le parasol dans les galets et étale **une serviette de plage**. La jeune femme est également retournée à la voiture pour chercher deux **chaises longues** pliantes en plastique et **la glacière**. Assise sur l’une des chaises longues, Murielle s’enduit de **crème solaire**. Il y a deux tubes dans son sac de plage : un avec un indice normal et un écran total avec un fort indice de protection. Si Murielle utilise la crème solaire normale, l’autre est pour Eric et Lola qui ont la peau plus blanche. Surtout Lola en fait, qui est **rousse** avec la peau très claire et sensible. Elle doit donc bien se protéger du soleil et des rayons UV.

Whilst her two friends swim, Murielle sets up. She plants the umbrella in the pebbles and lays out a beach towel. The young woman even goes back to the car to look for two plastic, fold-up beach chairs. Sitting on one of the beach chairs, Murielle applies sunscreen. There are two tubes in her beach bag: one with a normal factor and one total sunblock with a high protective factor. If Murielle uses the normal sunscreen, the other is for Eric and Lola who have whiter skin. Especially Lola, actually, who is a red-head with very pale and sensitive skin. She must, therefore, really protect herself from the sun and UV rays.

Une serviette de plage - A beach towel

Une chaise longue - A beach chair

La glacière - A cooler / an ice chest

La crème solaire - The sunscreen

Roux / rousse - Ginger / red hair

Lunettes de soleil sur le nez, Murielle lit un magazine pendant que ses amis profitent de la mer. Elle n'a pas tellement envie d'aller se baigner ce matin. Mais elle en profite pour regarder les photos sur l'appareil numérique d'Eric et pour en prendre des nouvelles.

Au loin, Lola **nage la brasse**, tandis que son compagnon semble vouloir rejoindre l'horizon en crawl.

With her sunglasses resting on her nose, Murielle reads a magazine whilst her friends enjoy the sea. She doesn't really want to go swimming this morning. But she uses her time well looking at the photos on Eric's phone and taking new ones.

In the distance, Lola does the breast stroke, whereas her husband seems to want to reach the horizon doing front crawl.

Les lunettes de soleil - The sunglasses

Nager la brasse - To do the breast stroke

Sur les coups de midi moins le quart, Lola et Eric rejoignent la plage. Ils se sont baignés pendant une bonne heure, ont **sauté dans les vagues** comme deux enfants et ont joué au ballon dans l'eau. Murielle, elle, a pris un bon **bain de soleil** et a lézardé sur la plage. Mais tous ont maintenant faim et sont contents de trouver des boissons fraîches dans la glacière. C'est que le soleil commence à taper fort !

At quarter to twelve, Lola and Eric come back to the beach. They swam for a good hour, jumped into the waves like two children and played with a ball in the water. Murielle, well she sunbathed nicely and basked on the beach. But now, everyone is hungry and happy to find some cold drinks in the cooler. This is because the sun is really starting to beat down!

Sauter dans les vagues - To jump in the waves

Un bain de soleil - A sunbath

« Ce qu'il fait chaud ! dit Lola en mangeant un sandwich. Ce n'est pas comme chez nous où dès qu'il y a **du vent**, l'air semble froid.

- C'est le climat océanique qui veut ça. C'est tout de suite plus froid. Et pour se baigner, je te raconte pas ! dit Eric à Murielle.

- Oh oui ! ajoute Lola. Je me souviens de cette fois où nous sommes allés à **la pêche aux moules** sur les rochers. Déjà au bord de la falaise il y avait beaucoup de vent. Une fois au bord de l'eau, ce qu'elle était froide ! Pourtant c'était à la même saison que maintenant.

- Oui, je me rappelle aussi de cette sortie. Et il y avait plein d'**algues**, c'était une horreur rien que de tremper ses pieds, dit Eric.

- Mais c'était **marée basse** et il n'y avait aucun **courant**. On a marché le long de la plage pendant deux bonnes heures en ramassant des coquillages. **Les poissons** qui s'aventuraient sur le bord venaient nous **chatouiller** les pieds, raconte Lola.

"It's hot!" says Lola, eating a sandwich. "It's not like home where there is wind and the air seems cold.

"It's the oceanic climate which does that. It's immediately colder. And to go swimming, I don't have to tell you!" Eric says to Murielle.

"Oh, yes!" Lola adds. "I remember this one time where we went mussel fishing on the rocks. There was already a lot of wind on the edge of the cliff. Once you were at the edge of the water, it was cold! Yet it was the same time of year as it is now."

"Yes, I also remember that trip. And there was lots of seaweed, it was horrible just to dip your feet in," Eric says.

"But it was low tide and there was no current. We walked along the beach for a good two hours collecting shells. The fish that ventured to the edge tickled our feet," Lola says.

Du vent - Some wind

La pêche aux moules - Mussel fishing

Des algues - Some seaweed

Marée basse - Low tide

Le courant - The current

Chatouiller - To tickle

- Puis l'eau est montée très vite et c'était déjà **marée haute**. Dire que tous les ans il y a des touristes qui ne regardent pas les horaires des marées et se font avoir..., ajoute Eric.

- Comment aviez-vous terminé cette journée ?, demande Murielle à ses amis.

- Assis sur la plage, à manger **des huîtres** que nous avions achetées au port !, dit Lola.

- Oh oui, c'est vrai !, dit Eric. Et nous lançions du pain aux **mouettes** ! »

Le couple rigole et fait aussi rire Murielle qui se dit que le nord et le sud de la France sont définitivement différents pour ce qui est de la baignade. Et si la jeune femme rendra un jour visite à ses amis en Bretagne, elle préfère la Méditerranée.

"Then the water came in quickly and it was already high tide. To say that every year there are tourists who don't look at the tide tables and get stuck..." Eric adds.

"How did you finish your day off?" Murielle asks her friends.

"Sitting on the beach, eating oysters that we bought at the port!" Lola says.

"Oh yes, that's right!" Eric says. "And we threw bread to the seagulls!"

The couple laughs and makes Murielle laugh too, thinking to herself that the north and south of France are definitely different when it comes to swimming. And even if the young woman visits her friends in Brittany one day, she prefers the Mediterranean.

Marrée haute - High tide

Les huîtres - The oysters

Une mouette - A seagull

Après le pique-nique, Eric décide de se reposer au soleil pour essayer de **bronzer** un peu et prendre quelques couleurs. Lola lui conseille de ne pas faire de **sieste** car ce n'est pas conseillé de s'endormir en plein soleil, d'autant plus que le jeune homme ne veut pas rester sous le parasol.

De leur côté, les deux amies font une partie de tennis improvisée avec des **raquettes de plage**. Il n'y a toujours personne dans la petite crique à part eux, mais en début d'après-midi un couple avec un petit garçon arrive. Le couple demande poliment si ils peuvent s'installer. Vu leur accent, ils ne sont pas français. Murielle leur répond qu'il n'y a aucun problème, que la plage est assez grande et qu'il y a de la place pour tout le monde.

After the picnic, Eric decides to relax in the sun to try to tan a little and get some color. Lola advises him not to nap because it's not recommended to sleep in direct sunlight, especially as the young man doesn't want to stay under the umbrella.

For their part, the two girls play an improvised tennis match with beach racquets. There is still nobody in the cove apart from them, but at the beginning of the afternoon a couple with a young boy arrives. The couple ask politely if they can set up here. Considering their accent, they aren't French. Murielle tells them that it's not a problem, the beach is big enough and there is enough space for everybody.

Bronzer - To sun-tan

Une sieste - A nap

Les raquettes de plage - The beach rackets

Tandis que ses parents installent leurs serviettes de plage, le petit garçon étale ses **jouets**. Il a **un seau**, un **râteau** et une **pelle** en plastique pour faire des **châteaux de sable**. Malheureusement pour lui, ses parents ont choisi une plage entièrement recouverte de galets. Le petit garçon est un peu déçu, mais il trouve vite une autre utilité à son seau : il le remplit d'eau et se met en quête de faune marine à ramasser. Bien vite, le seau se retrouve rempli de quelques algues, de **coquillages**, de galets que le garçon a trouvé joli et même d'un petit **crabe**. Mais sa plus grande fierté, qu'il montre à ses parents tout contents, est **un bernard l'hermite** qui passait dans le coin.

While the parents lay out their beach towels, the young boy spreads his toys out. He has a bucket, a rake, and a plastic shovel to make sand castles. Unfortunately for him, his parents chose a beach covered entirely with pebbles. The young boy is a little disappointed, but he quickly finds a new use for his bucket: he fills it with water and sets off in search of marine wildlife to collect. Soon, the bucket is full of seaweed, sea shells, pebbles that the boy found pretty, and even a small crab. But his proudest discovery, that he shows to his happy parents, is a hermit crab which was passing by.

Les jouets - The toys

Un seau - A pail

Un râteau - A rake

Une pelle - A shovel

Un château de sable - A sand castle

Un coquillage - A sea shell

Un crabe - A crab

Un bernard l'hermite - A hermit crab

Murielle et son amie ont arrêté leur partie de tennis et se reposent maintenant sous le parasol. Lola a presque vidé le tube d'écran total tellement elle a peur d'attraper

un coup de soleil. Eric, au contraire, n'a pas mis assez de crème solaire : son dos et ses épaules commencent à **rougir**. Comme, en plus, il n'a pas pensé à prendre de **chapeau** ni de casquette pour protéger sa tête, Lola lui conseille de se mettre à **l'ombre**.

Murielle and her friend have stopped their tennis match and are now relaxing under the umbrella. Lola is so afraid of getting burnt that she's almost emptied the tube of sunscreen. Eric, on the other hand, didn't put on enough sunscreen: his back and shoulders are starting to turn red. Also, since he didn't think about bringing a hat or a cap to protect his head, Lola advises him to come under the umbrella.

Un coup de soleil - A sunburn

Rougir - To turn red

Un chapeau - A hat

L'ombre - The shadow

Tout en bavardant sous le parasol, les trois amis observent les allées et venues du petit garçon. Après avoir ramassé des **cailloux** pour sa collection, il a **creusé un trou** au bord de l'eau, dans les galets, pour y verser le contenu de son seau. Mais le trou n'est pas assez **profond** et son petit crabe s'en échappe bien vite pour retrouver **les flots**. Le petit garçon le poursuit dans les **vaguelettes**, mais le crabe disparaît dans l'eau. Triste, le petit garçon saute dans l'eau puis s'assoit dans les vagues, juste au moment où une vague un peu plus grosse que les autres lui passe au-dessus de la tête.

« Le pauvre, fait remarquer Lola, **il a bu la tasse** !

- Et **il est trempé** !, ajoute Lola.

- Vu la chaleur, il va vite **sécher**! », dit Eric.

Whilst chatting under the umbrella, the three friends observe the comings and goings of the young boy. Having collected stones for his collection, he digs a pit at the edge of the water among the pebbles, to empty the contents of his bucket into. But the hole isn't deep enough, and his crab quickly escapes from it to find its way back to the waves. The young boy chases it into the ripples, but the crab disappears in the water. Sad, the young boy jumps into the water then sits in the waves, just when a wave, that is a little bigger than the others, crashes over his head.

"The poor boy swallowed some water!" Lola points out.

"And he's soaked!" Lola adds.

"Considering the temperature, he'll soon dry off!" says Eric.

Un caillou - A stone

Creuser un trou - To dig a pit

Profond - Deep

Les flots - The waves

Les vaguelettes - The little waves, ripples

Boire la tasse - To accidentally swallow water

Être trempé - To be very wet

Sécher - To dry

Au milieu de l'après midi, les trois français laissent la crique au couple d'étrangers et à leur fils. Eric aide Murielle à remballer leurs affaires, tandis que Lola prend quelques dernières photos souvenir.

Après avoir salué le couple, les trois amis remontent en voiture pour s'arrêter chez **un glacier** que Murielle connait bien dans la ville toute proche. C'est Eric qui invite et paye **le sorbet** de Murielle en remerciement de cette formidable journée. Mais celle-ci n'est pas encore terminée et la jeune femme a encore en réserve une surprise pour ses amis.

« Je ne vous en dit pas plus, dit Murielle en sortant de chez le marchand de glaces. Nous devons reprendre la voiture, mais ce n'est pas très loin.

- Si c'est aussi génial que ce matin, je veux bien faire trois heures de **route** si il le faut ! », rigole Eric.

In the middle of the afternoon, the three French friends leave the cove to the foreign couple and their son. Eric helps Murielle pack up their things, while Lola takes a few final photos to remember.

After waving goodbye to the couple, the three friends get back in the car to stop at an ice cream parlor that Murielle knows well in the nearest town. It's Eric's treat and he pays for Murielle's sorbet as a thank you for this terrific day. But the day isn't over yet and the young woman still has a surprise in store for her friends.

"I'm not telling you any more about it," Murielle says, leaving the ice cream parlour. "We have to get back in the car, but it's not very far away."

"If it's as brilliant as this morning, I would drive for three hours if necessary!" Eric jokes.

Un glacier - An ice seller

Le sorbet - Water ice (a type of ice cream)

La route - The road

Il suffit de vingt minutes pour que la voiture s'arrête à nouveau en se garant sur le parking goudronné d'une plage touristique. Par ce dimanche après midi ensoleillé, il y **a foule** sur le sable ! Pourtant ce n'est pas pour prendre le soleil ou aller **nager** que Murielle a emmené ses amis ici. La jeune femme les conduit à l'une des extrémités de la plage, à ce qui semble être un petit centre sportif.

It only takes twenty minutes for the car to stop again and park on the tarmac car park of a tourist beach. On this sunny Sunday afternoon, there is a crowd of people on the beach! However, Murielle has not brought her friends here to sunbathe or swim. The young woman takes them to one end of the beach, to what seems to be a small sports centre.

La foule - The crowd (il y a foule = it is crowded)

Nager - To swim

« J'ai pris **un forfait d'activités**, dit Murielle. Vous pouvez choisir de faire ce que vous voulez et essayer les activités qui vous plaisent !

- Woh, quel cadeau !, dit Lola. C'est trop, tu n'aurais pas dû !

- Non, ça me fait plaisir !, répond Murielle. Alors, qu'est-ce que vous choisissez ? »

Il y a un catalogue des activités proposées à l'accueil que le couple consulte en demandant conseil à **un maître nageur**. Le catalogue est assez impressionnant. Il y a de tout et pour tous les goûts, du surf au **ski nautique** en passant par le kayak.

"I bought an activity pack," Murielle says. "You can choose to do what you want and try the activities you like!"

"Wow, what a gift!" Lola says. "It's too much, you shouldn't have!"

"Not at all, it's my pleasure!" Murielle replies. "So, what are you going to choose?"

There is a catalog at reception of offered activities that the couple looks through while asking the lifeguard for advice. The catalog is quite impressive. There is everything for all tastes, from surfing to water-skiing to kayaking.

Un forfait d'activités - An activity pack

Le maître nageur - The beach / pool guard

Faire du ski nautique - To water ski

Lola est bien tentée par **la plongée sous marine**, mais finalement la jeune femme opte pour essayer le jet ski. De son côté, Eric choisit de faire de **la planche à voile**, une activité qui l'a toujours intéressé sans avoir jamais eu l'occasion d'essayer. Quant à Murielle, elle décide de faire de **la plongée libre**, qu'elle a déjà pratiqué par le passé. Tandis que Lola et Eric sont chacun équipés, de leur côté, Murielle se voit prêter **une combinaison de plongée**, des **palmes**, un masque et **un tuba**.

Les trois amis se saluent et partent pour une heure de découverte, en compagnie de professionnels.

« Alors ?, demande Murielle à la fin de la journée quand, après une bonne douche, le trio prend l'apéro sur la terrasse de Murielle. Vous avez passé une bonne journée ?

- **Tu veux rire** ! dit Lola. Tu nous as gâtés !

- L'une des meilleures journées de ma vie ! » ajoute Eric.

Murielle a réussi son pari de passer un excellent dimanche avec son couple d'amis !

Lola is very tempted by the scuba diving, but in the end the young woman chooses to try jet skiing. Eric chooses to windsurf, an activity that he has always been interested in without ever having the chance to try it. As for Murielle, she decides to snorkel, which she has already done in the past. While Lola and Eric are both kitted out for their activities, Murielle is given a wetsuit, flippers and a snorkel. The three friends say goodbye to each other and leave for an hour of discovery, accompanied by professionals.

"So?" Murielle asks at the end of the day when, after a good shower, the trio have an aperitif on Murielle's balcony. "Did you have a good day?"

"You're kidding!" Lola says. "You spoiled us!"

"One of the best days of my life!" Eric adds.

Murielle achieved her goal of spending a fantastic Sunday with her friends.

Faire de la plongée sous marine - To go scuba diving

Faire de la planche à voile - To windsurf

Faire de la plongée libre - To snorkle

Une combinaison de plongée - A wet suit

Les palmes - The flippers

Un tuba - A snorkle

Tu veux rire! - You're kidding!

Vocabulary Recap

Trentenaire - Thirties

La plage - The beach

Un vacancier - A vacationer

Se baigner - To bathe

Une crique - A little beach between cliffs

Déranger - To disturb

Un vêtement - A cloth (une boutique de vêtements = clothes shop)

Avoir la bougeotte - To have ants in the pants

Une amoureuse de la nature - A nature lover

Le saut en parachute - The parachute jump

Une longue marche - A long walk

Recevoir - To receive

La cuisine locale - The local food

Un programme chargé - A busy program

La côte - The coast

Avoir hâte - To look forward

Grimper - To climb

La brise - The breeze

Le coffre de la voiture - The car's luggage compartment

Le bord de mer - The seaside

Les dunes de sable - The sand dunes

Lézarde - To bask in the sun

Un périple - An adventure / a trip

La baie - The bay

Un rocher - A rock

Un banc de sable - A sand bank / A temporary island

Une falaise - A cliff

Une plage de galets - A round pebble beach

L'eau - The water

Un maillot de bain - A bathing suit

Frileux / frileuse - Chilly / sensitive to cold

Salée - Salty

Une serviette de plage - A beach towel

Une chaise longue - A beach chair

La glacière - The ice chest / A cooler

La crème solaire - The sunscreen

Roux / rousse - Ginger / Red hair

Les lunettes de soleil - Sunglasses

Nager la brasse - To do the breast stroke

Sauter dans les vagues - To jump in the waves

Un bain de soleil - A sunbath

Du vent - Some wind

La pêche aux moules - Mussel fishing

Des algues - Some seaweed

Marée basse - Low tide

Le courant - The current

Chatouiller - To tickle

Marrée haute - High tide

Les huîtres - The oysters

Une mouette - A seagull

Bronzer - To sun-tan

Une sieste - A nap

Les raquettes de plage - The beach rackets

Les jouets - The toys

Un seau - A pail

Un râteau - A rake

Une pelle - A shovel

Un château de sable - A sand castle

Un coquillage - A sea shell
Un crabe - A crab
Un bernard l'hermite - A hermit crab
Un coup de soleil - A sunburn
Rougir - To turn red
Un chapeau - A hat
L'ombre - The shadow
Un caillou - A stone
Creuser un trou - To dig a pit
Profond - Deep
Les flots - The waves
Les vaguelettes - The little waves
Boire la tasse - To accidentally swallow water
Être trempé - To be very wet
Sécher - To dry
Un glacier - An ice seller
Le sorbet - Water ice (a kind of ice cream)
La route - The road
La foule - The crowd (il y a foule = it is crowded)
Nager - To swim
Un forfait d'activités - An activity pack
Le maître nageur - The beach / Pool guard
Faire du ski nautique - To water ski
Faire de la plongée sous marine - To go scuba diving
Faire de la planche à voile - To windsurf
Faire de la plongée libre - To snorkle
Une combinaison de plongée - A wet suit
Les palmes - The flippers
Un tuba - A snorkle
Tu veux rire! - You're kidding!

Practice your writing

Write a short summary of this story. Do not paraphrase please.

Nous sommes au début de l'été et Murielle, jeune trentenaire, qui n'est pas encore en vacances, accueille chez elle un couple d'amis tout droit venu de Bretagne. Murielle habite à l'opposé, sur la côte d'azur et a décidé de leur préparer un dimanche hors du commun pour leur faire découvrir le sud de la France. Ses amis arrivent donc le samedi et tout le monde va se coucher tôt, car le lendemain promet d'être chargé. Au petit matin, après un bon déjeuner, Murielle, en véritable amoureuse de la nature et très sportive, emmène ses amis pour la plage. D'abord, un petit tour en voiture afin de longer la côte pour admirer le paysage, puis ils iront finalement s'installer dans un petit coin de rêve. En effet, Murielle connaît très bien l'endroit et les invite à se rendre sur une plage inconnue des touristes. C'est avec émerveillement qu'ils s'installent dans une petite crique à galets où l'eau bleue fait forte impression. La journée s'annonçait grandiose. Le couple d'amis est plus que ravi et c'est au milieu de l'après-midi qu'ils laissent finalement la plage quasi-déserte à deux parents avec leur petit garçon. Mais la journée n'est pas terminée, et il reste encore la surprise que Murielle leur a réservée !

CONCLUSION

"One language sets you in a corridor for life.

Two languages open every door along the way."

-Frank Smith

A new language can certainly open doors that you never knew existed. I hope this book *Learn French with Stories Volume 2* was able to help you with that. A lot of effort has gone into the making and publication of this book; knowing that I am able to pave the way for you to continue learning French — and ensure you have fun in the process — makes all the effort worthwhile.

After reading the seven stories in this book, you should be making headway in your French language-learning journey. You have learned hundreds of useful new French words to incorporate into your vocabulary, and I hope that your confidence in reading and writing has improved, too. Finally, I hope you have benefitted from the pronunciation and listening practice provided by the added audio.

If you want other books similar to this one, please visit the Talk in French Store at https://store.talkinfrench.com/. There, you will find more *Learn French with Stories* volumes, including the volume before this, and three volumes for *Learn French with Stories for Beginners*. Aside from that, there are also French grammar and vocabulary books, study guides, and even tourism books dedicated to traveling in France.

You can also visit my website https://www.talkinfrench.com. It has plenty of useful articles covering topics such as grammar, vocabulary, culture, learning methods, and so much more.

If you found this book to be helpful for you, you can support it by leaving an honest review — your feedback is truly appreciated and valued.

Thank you so much.

Merci beaucoup.

Frédéric

HOW TO DOWNLOAD THE MP3?

Go to this page: https://www.talkinfrench.com/download-lf7-vol2/

If you have any issue to download the MP3, please contact me at contact@talkinfrench.com

Made in United States
North Haven, CT
26 September 2024

57933656R00091